機會、財富、社交、

全方位破局

別被AI淘汰

李尚龍 著

序言

如果你只站在現在的視角，解決不了現在的問題

這些年，AI在以驚人的速度進入我們的生活，重塑著世界的規則。而很多年輕人卻在這種快速的變化中越來越焦慮，彷彿被困在一個迷宮裡，看不清未來，怎麼都找不到出路。

大家的焦慮有很多種：有人在工作和生活的重壓下喘不過氣，想停下來卻又害怕被這個快速向前的時代拋棄；有人在拚命努力的同時越發迷茫，不知道這份努力能否帶來改變；還有人的內心明明渴望自由與個性，卻被現實按下頭，不得不隨波逐流。

所有人或許都想問：「到底要怎麼做，才能找到屬於自己的出路？」

這也曾經是我年輕時最想找到答案的難題。

過去一年，在與人工智慧領域的前輩們交流中，我漸漸看到了未來。

2023年我到加拿大讀書，生活發生了翻天覆地的變化，也因此有了更多與自己對話的時間。我從一個身邊總是熱鬧的「社交人」，變成了一個孤獨的思考者。我的生活變得簡單：在校園讀書，與同學探討問題，一個人走在海邊，望著藍天和大海發呆。

不知不覺間，我在北美已經度過了一年。這一年，我的內心與思維悄然地發生了巨變。

前些日子，我與一位老朋友聯絡，他開玩笑地說：「尚龍，你就像是從未來回來的人，看到未來的問題，再回到現在提出解決方案。」他還說了一句讓我印象深刻的話：「站在現在的維度，根本解決不了現在的問題，只有站在未來的維度，才能找到答案。」

那一刻，我突然明白：如果想解決當下的問題，就必須站得更高、看得更遠。**因為站在現在的視角，只會被困在當下的問題裡。唯有站在未來的視角，才能找到現在問題的解藥。**

回望過去一年，我做得最正確的事情，就是放棄了北京的一切來到加拿大讀書。那些曾經擁有的，現在回頭看，其實並不是我真正想要的。我深知，只有勇敢邁步向前，才能看到不一樣的世界。

這本書，就是我過去一年的最新思考。

我在這本書裡寫了很多關於未來趨勢的內容。從敲下第一個字開始，我就意識到不能僅從個人角度書寫，而要從時代的角度切入。因為只有理解了時代趨勢，個人的努力才有意義。

這就像一個人準備長途旅行，無論他的車技有多好，油門踩得有多快，如果選錯了方向，那麼開得越快就會離目的地越遠。選對了方向，即使開得慢一些，最終也能到達目的地。當然，同樣是對的方向，有人選擇了高速公路，輕鬆前行；有人選擇了泥濘小路，即使踩盡油門也寸步難行。

這讓我意識到：選擇比努力更重要。

我曾經極力鼓勵大家努力奮鬥，甚至還在24歲時寫過《你只是看起來很努力》。但現在，此時此刻，我要告訴大家，選擇比努力更重要。這並非否定努力，而是因為時代已經發生了巨大的變化。當一個行業或者趨勢在改變時，個人的努力未必能扭轉局勢。

過去一年，我經歷了很多，包括在公眾視野中的起起落落。一篇與考蟲道別的文章，讓我與創業的青春告別。從24歲創立公司，到34歲黯然離場，這個過程讓我深刻明白：當一個行業結束，很多人都會陷入迷茫，但唯有繼續前行，才能看到新的希望。

我現在34歲了，住在一個叫白石的小鎮上，經常一個人走在溫哥華的海邊。那裡安靜得出奇，常常空無一人。我喜歡在海邊看著波光粼粼的水面，太陽的倒影隨著浪花輕輕晃動。每次站在那裡，我都會想：如果真的有平行時空，44歲的我會對34歲的我說些什麼？

我想，那時的我大概會說：「活下來，努力看向未來。到了40歲，你會驚奇地發現，這個世界已經完全不同了。」

人工智慧的時代正在到來，AGI（通用人工智慧）已經嶄露頭角，ASI（超級人工智慧）或許也在悄然逼近。那時的人類可能在AI面前顯得無助甚至無用，不再需要創造財富，只需要消耗財富。也許有一天，人工智慧會為人類提供收入，而醫療水準、基因編輯和奈米科技的進步，甚至可能讓人類邁向永生。

這樣的未來聽起來有些不可思議，但也充滿希望。

此時此刻，我們需要做的，可能只是「活下來」。學會感知快樂與痛苦，也許是未來人類存在的唯一意義。或許未來有一天，我可以透過太陽的光波、大海的聲音傳遞訊息，即便我無法理解那時的傳播方式，但它的核心一定是：對未來充滿希望。畢竟，解決現階段困難的，往往不是個人當下的能力，而是來自對未來的洞察和智慧。

在北美的這一年，我變得更加注重感知時代的脈動，而非糾結於個人的情感起伏。如果我能回到24歲，我會對那個正在書桌前的檯燈下寫下《你只是看起來很努力》的自己說一句話：「活下去，活到34歲。世界會在這十年間發生翻天覆地的變化。無論你多麼焦慮、崩潰，無論你遇到多大的挫折，只要活下來，你就能看到完全不同的風景。」

同樣，34歲的我也經常在想，44歲的自己會對現在的我說什麼？或許會說：「**活下來，努力看向未來，那時的世**

界會遠超你的想像。」

透過這本書，我想告訴大家，眼光一定要放得更遠。站在未來的視角看現在，站在現在的視角回望過去，很多困境都會找到答案。這本書，是我掏心掏肺寫給大家的，獻給每一個還對未來抱有期待的人。

活下去，你會在未來的路上越走越遠。

對了，無論走多遠，都別忘了回頭看看。

祝你閱讀愉快！

目錄

機會篇

懂趨勢的人才能抓住機會

金錢篇

財富是對認知和意志的獎勵

人脈篇

誰認識你比你認識誰更重要

生活篇

厲害的人從不內耗

技術永遠在變，
但強者的底層思考能力永不貶值。

機會

篇

懂趨勢的人
才能抓住機會

機會篇

在瞬息萬變的時代，

重要的不是追逐趨勢，

而是從趨勢裡把握恆定不變的價值。

競爭時代的新出路

很長一段時間裡，我被很多年輕人或者焦慮的家長問到這樣一個問題：在各行各業都高度競爭的時代，在每天都在變化的世界裡，年輕人的出路到底在哪兒？

我非常害怕跟年輕人講要關注未來。因為當我告訴大家要關注未來的時候，往往會發現未來一片迷茫。當一個人眼睛裡只有未來，並且能過得很好時，只有一個前提，就是未來大致的方向是確定的。但現在看來，尤其是最近幾年，我們明顯感受到未來是陰晴不定的。

那我們應該怎麼做？

我的答案從來都是以下三個：**第一，看政策趨勢；第二，看當下；第三，看熱愛和喜好。**在這一節中，我會細緻地跟大家一一分享，因為就是這三條幫助我走到了現在。

第一，看政策趨勢。

當你處於迷茫的狀態，不知道未來何去何從時，有兩個方面是必須關注的。

首先，要去看政府工作報告。政府工作報告決定了未來這些年我們的金錢流動的方向，人才流向的地方，以及資源配置方向。每年政府都會發布工作報告，很多人可能看不懂。現在我告訴你一個重要的方法：善用AI做好筆記。當政府工作報告發布時，如果沒時間細讀，請務必做這樣一件事：把全文交給人工智慧，補上這麼一個問題：我的技能是什麼？請問我該如何與政府工作報告進行結合，規劃自己的職業發展？

比如我是一名英語老師，我在看完政府工作報告後，問了AI這樣一個問題：我該如何適應未來的發展才能不被淘汰，如何讓自己變得更好？在我一次又一次對人工智慧發問的時候，我逐漸意識到：我可不能僅僅停留在英語老師這個身分上，因為未來所有的知識將走向免費，這是教育平等的必然趨勢。

很多人知道，我從新東方離職後自己創辦了「考蟲網」，我之所以能及時做出這個決定，正是因為我認真研讀了政府工作報告。建議大家把政策方向與自己的專長、專業和職業規劃結合起來，這樣才能抓準未來的方向。

同理，我選擇去多倫多大學攻讀人工智慧專業，也是基於我對政府工作報告的研究。雖然我過去的經歷與人工智慧關係不大，除了本科學的資訊工程專業，我在工作過程中已經很久沒用技術方面的東西了。但我確定必須躬身入局投入這個領域。這就是我後來開設的人工智慧課能賣得那麼好，我在網上講解人工智慧話題，有這麼多人跟隨我、喜歡我的原因，本質都是一樣的，你必須瞭解趨勢。

除了政府工作報告，另一個重要的參考是央行的資產負債表。網上有很多解讀央行資產負債表的文章，大多數人可能都沒有學過金融經濟，我就不班門弄斧跟大家解讀經濟了。但我想告訴你：所有的錢，股市的動向、資源、資金都藏在資產負債表裡。如果你看不懂，怎麼辦？老規矩。既然是人工智慧時代，請一定要把它交給人工智慧，因為只有你看懂了央行的資產負債表，你才能把握資金未來的流向。

第二，不要看太遠，看當下，看現在。

我們已經知道趨勢和政策，接下來請一定要活在當下，這也是我對年輕人的建議，不要再給自己一些長遠的5年、10年規劃，因為這個時代的變化已經超出你的想像。

我到矽谷第三天就聽說了一個新興職業——AI顧問。這個職業非常有意思，就是專門跟老闆溝通，告訴老闆哪些人需要裁掉，哪些部門需要優化，哪個業務可以繼續投錢以及他的公司架構該如何調整。

我剛知道這個職業的時候非常震驚，因為這原本就是企業諮詢的工作，但現在只要懂得使用AI工具，將公司所有的資訊餵給ChatGPT①，ChatGPT就能直接給出最具體的答

① 由OpenAI開發的人工智慧大語言模型。

案，甚至連客服回覆別人的具體話術都能夠寫下來。

當時我跟朋友聊完天，從他們公司走出來，在矽谷的大街上看著藍天白雲，心裡倒吸一口涼氣，因為倒退一年，你都不知道這是什麼職業。這個世界變化太快了。就像5年前你絕對沒有聽說過短影音編導這個職業是做什麼的，10年前你可能沒有聽過互聯網運營到底是個什麼樣的職位，但現在這些職位不僅存在，薪資都還很高。

根據美國皮尤研究中心（Pew Research Center）的預測，到2035年，隨著數位技術的進步和AI的深入運用，社會將出現大量前所未有的職業角色，這些職業將圍繞AI的開發、管理、應用以及相關的社會倫理問題衍生出來，目前這些職業還沒有出現。

另外一個報導來自世界經濟論壇，預測則更加大膽，《2025未來就業報告》中提到：在2025年會有85%的工作崗位是目前尚未存在的新職業。這些新職業主要由AI、自動化以及其他先進技術推動出現。

總之，我想告訴你的是，如果你現在特別迷茫，請一定記住：不要看太遠，可以盯著趨勢，但是要過好當下。今天過得好的人，明天不會差到哪兒去；今天積極的人，養成習慣，未來也就自動積極下去了。這個時代是給那些養成好習慣的人準備的，一個人的命好不如習慣好。

就像我到今天，無論世界發生什麼變化，早上起來我都會坐在電腦旁邊寫2,000字，這個習慣已經保持了將近10

年。這就是我可以筆耕不輟，每年都能有新書出版的原因。不要小看這種堅持，水滴石穿，我從來沒有想過這些書在未來會不會變成暢銷書，我唯一關注的是今天我有沒有認真把它寫好。所以找一個好習慣，堅持它，十年如一日地堅持，只關注當下，不要想太遠。放心，老天會給你更好的回報的。

我想請所有畏首畏尾、擔心未來的年輕人反覆閱讀這句話：**所有人的看法和評價都是暫時的，只有自己的經歷和成績是伴隨一生的，幾乎所有的擔憂和畏懼都是來源於自己的想像，只要你真的去做了，才會發現有多快樂。**

所以請不要再用雜念攪亂自己的思緒，趕緊去做點什麼，因為當下永遠是最好的時機。

在我寫下這段話之前，我正在家裡閱讀史鐵生的書。不知道為什麼，年紀越大越喜歡讀他的文字，他寫過這樣一段話：「我四肢健全時，常抱怨周圍環境糟糕，癱瘓後懷念當初可以行走奔跑的日子，幾年後長了褥瘡，懷念起兩年前安穩坐在輪椅上的時光，後來得了尿毒症，懷念當初長褥瘡。又過了一些年要洗腎，清醒的時間很少，懷念尿毒症的時候。」

你看，活在當下是多麼重要，不要擔心未來，不要後悔過去，你就關注當下的每一次呼吸，都能讓你的生活品質提高很多。

第三，請你找到自己的熱愛和喜好。

我在洛杉磯認識了一位家長，她的孩子在當地一所大學學藝術。有次這位小女生給我打電話，說等不及了，想跟我分享一件事情。在電話裡她遲疑好幾秒，問出這樣一個問題：「哥，假設有一天我什麼都不是，沒有成功，也沒有賺到錢，就這樣渾渾噩噩過了一生，我的人生是不是就完蛋了？」

我在電話這邊愣了好長時間，然後不知道為什麼就說出這麼一句話：「妹妹，人生成功的標準只有一個，就是你有沒有在自己熱愛的人和事情上，付出了自己一生的時間。」

年輕時我寫過，生命中真正的幸福就是以自己的意願去過一生。但隨著長大，發現自己的意願很容易被動搖，所以我把這句話改成了：真正的幸福是和自己愛的人一起做熱愛的事，在這些事情上消磨掉自己一生的時光。

可是大多數朋友，尤其是年輕人，並不知道自己到底熱愛什麼。我的判斷標準非常簡單：首先要嘗試。因為只有在嘗試的過程中，你才能慢慢找到自己喜歡什麼，不喜歡什麼。所以保持開放是第一條，多嘗試，少說「不」。

接下來我給你一個方法論，問自己兩個問題：第一，在不考慮任何外在因素（比如金錢、人情、面子等）的情況下，你最想做什麼工作？第二個問題，從小到大，有沒有什麼事情能讓你迅速進入心流狀態，讓你感到自豪且喜歡自己，並且能遊刃有餘？

如果你實在想不出來，可以問問你的父母和最親近的朋友，在他們眼中，你做什麼事情時是渾身發著光，臉上露出自然的笑容的。這可能就是你的熱愛所在。看到這裡，你不妨暫停一下，先問問自己。

最後我要告訴你，熱愛並非與生俱來，它需要培養。在西方有個非常重要的概念叫「成長性愛好」，它指那些隨著時間推移可以不斷精進，讓你變得更好的愛好，像跑步、游泳、唱歌、樂器、讀書、寫作等。一開始你可能並不喜歡，但隨著你花時間和它相處，慢慢地你就會越來越喜歡。

這樣的愛好具備一個特點，就是堅守。請注意，堅守與堅持不同，是你十年如一日地做這樣一件事，堅定地保持某種態度、立場和行動，關鍵是你要付諸行動。

我相信讀這本書的很多年輕人和我一樣，讀完後才發現過去很多選擇和道路都走錯了。如果你選擇這麼走下去，可能會成為一個異類，成為少數人。但多年後回頭看時你會發現，這或許才是正確的選擇。

寫到這裡，我想起20世紀美國著名詩人羅伯特・佛洛斯特（Robert Frost）的一首著名的詩：「I took the one less traveled by, And that has made all the difference.」意思是：我選擇那條人跡很少的小路，從此決定了我一生的道路。

把這首詩送給你，祝你在這個快速變化的時代，仍能堅守自己的熱愛與選擇。

AI讓省下的時間都是自己的

在科技迅速發展的今天，年輕人必須學會運用科技，提升自己的競爭力。只有掌握技術的人，未來才不會被淘汰。

我已經寫過兩本與人工智慧有關的書，其中一本是關於人工智慧應用的，現已成為國家開放大學的指定教材。正是對這本書的理解和深入思考，讓我走上了AI的道路。另一本是人民大學電腦系的教材，也是我在多倫多大學學到的關於人工智慧如何運用的底層思考，這兩本書我都推薦大家閱讀。

我想先做個大膽的假設，未來只有一種人不會被淘汰，那就是能夠熟練使用工具的人。所以，我想透過這一節分享如何用AI提高工作效率，以及如何用AI讓一般人變得更有競爭力。

我曾經提出一個理論，任何人想進入一個行業，需要做到以下三點：第一，讀書，把市面上必讀的書都讀一遍；第二，上課，參加各種優質的付費課程，線上線下都要參與，線下解決社交問題，線上補充知識儲備；第三，見人，盡可能接觸行業內的人才，與每個人深入交流半天，付費請教也可以。

在新時代，還要增加一條，那就是使用AI。我使用了市面上幾十款工具，總結出了幾款最實用的。

首先，如果條件允許的話，ChatGPT一定是最優選。

根據我的觀察，在100個人中真正使用過ChatGPT的可能只有1個。我做過統計，在一間教室裡，約90%的人聽說過ChatGPT，但實際使用過的不到10%，而且大多數人用的是替代品，只有極少數人使用過正版ChatGPT。替代品與ChatGPT正版的差距主要體現在兩個方面：一是演算法水準；二是很多敏感詞和重要的、有批判性的詞彙都會被過濾掉。

我也給大家找到了兩款替代品——Kimi**和通義千問**，都很實用。對於寫作相關的任務，你都可以借助人工智慧來潤飾修改。雖然它現在可能無法幫你從零開始完成寫作，但有一個很重要的寫作技巧叫「墊稿」——就是把你的初稿輸入進去，讓AI幫助修改，打磨出更好的內容。

人工智慧可以進行以下36種寫作方式，我已經總結了下來，希望對你有所幫助。

- **寫作相關**
  - **寫作**：輔助寫作、編輯和潤飾書籍內容，提供段落、章節或整本書的內容構思和撰寫。
  - **寫小說**：創作小說故事情節、角色對話和背景設定等。
  - **寫劇本**：編寫電影、電視劇或戲劇的劇本，包括台詞、場景描述等。
  - **寫論文**：幫助撰寫學術論文，包括結構組織、參考文獻格式和學術語言的使用。
  - **寫部落格**：撰寫網誌文章，幫助思考主題、內容組織、SEO（搜尋引擎優化）等。
  - **寫新聞稿**：編寫新聞稿，確保語調和格式符合行業標準。
  - **寫郵件**：撰寫各種類型的電子郵件，如商務郵件、社交郵件、邀請函等。
  - **寫公文**：撰寫正式的政府或企業公文，如通知、公告、報告等。
  - **寫講稿**：編寫演講稿、會議發言稿等，確保內容邏輯清晰、語言表達流暢。
  - **寫產品文案**：撰寫產品宣傳文案、廣告文案等，幫助提升產品的吸引力。

- **技術相關**
  - **寫程式**：生成和優化程式，支援多種程式設計語言，並提供程式解讀和調試幫助。
  - **寫測式用例**：為軟體發展項目生成測試用例，幫助確保程式的品質和穩定性。
  - **算法設計**：幫助設計和優化演算法，提供理論支援和實現方法。
  - **數據分析**：解釋資料分析結果，撰寫分析報告或提供視覺化方案。

- **學習與教育**
  - **學習指導**：提供學習建議、答疑解惑，幫助理解複雜概念或課程內容。
  - **語言學習**：幫助學習新語言，包括詞彙、語法、發音和翻譯。
  - **寫學習筆記**：為特定主題生成學習筆記或總結內容。
  - **備考指導**：提供備考策略、練習題目及解析。

- **創意與內容生成**
  - **生成藝術作品描述**：為藝術作品或設計項目生成描述性文字，幫助傳達創意理念。
  - **生成廣告創意**：提供廣告創意、口號及行銷策略建議。
  - **生成社交媒體內容**：為社交媒體平台撰寫吸睛的內容如貼文、推文、描述等。
  - **編寫笑話／謎語**：生成幽默段子、謎語等輕鬆娛樂的內容。
  - **生成詩歌**：創作詩歌、散文，或提供詩歌靈感和結構建議。

- **商業與管理**
  - **商業計畫書**：撰寫商業計畫書，提供商業策略。
  - **市場分析**：撰寫市場分析報告，如SWOT分析等。
  - **客戶服務**：生成客戶服務回覆範本，提供常見問題的解決方案。
  - **項目管理**：幫助制訂項目計畫，進行時間管理、任務分配等。
  - **財務報告**：編寫財務報告、預算計畫、成本分析等。

個人生活與職業	寫求職信／簡歷	幫助撰寫和優化求職信、簡歷，突出個人優勢。
	職業規劃	提供職業規劃建議，幫助識別職業發展路徑。
	時間管理	制訂時間管理計畫或排程。
	生活建議	提供生活建議，如健康管理、旅行計畫、購物建議等。
其他特殊用途	生成法律文件	幫助撰寫簡單的法律文書，如合約、協議等。
	心理諮詢	提供基本的心理諮詢建議或情感支援（須注意不可替代專業心理諮詢）。
	翻譯	進行文本翻譯，支援多種語言的相互轉換。
	數據隱私	幫助撰寫資料隱私政策或評估資料隱私風險。

其次，是繪圖工具。

有一款北美幾乎每個設計師都用的AI繪圖工具，叫作Midjourney[2]。你唯一需要的就是學習英語和提示詞，如果不會英語也沒關係，你可以用ChatGPT去翻譯。當你想創作一幅貓狗在藍天下打架的畫面，但不知如何描述細節時，可以先讓ChatGPT幫你完善描述，將其翻譯成英文，再利用這些提示詞在Midjourney中生成圖像。網上有大量教程可供參考，學習起來非常簡單。

Midjourney畫的圖極其逼真，以至於我不建議大家專門去學習攝影或繪畫，因為它使用起來太便捷了。我有一位攝影師朋友說，傳統攝影中能獲得一張滿意作品的成功率大約是十分之一。但有了Midjourney後，他可以將那些原本可能被淘汰的照片透過AI重新處理，賦予它們新的生命，這種技術確實令人驚嘆。

Midjourney的使用有22個商業模式和應用場景，我也為大家總結如下：

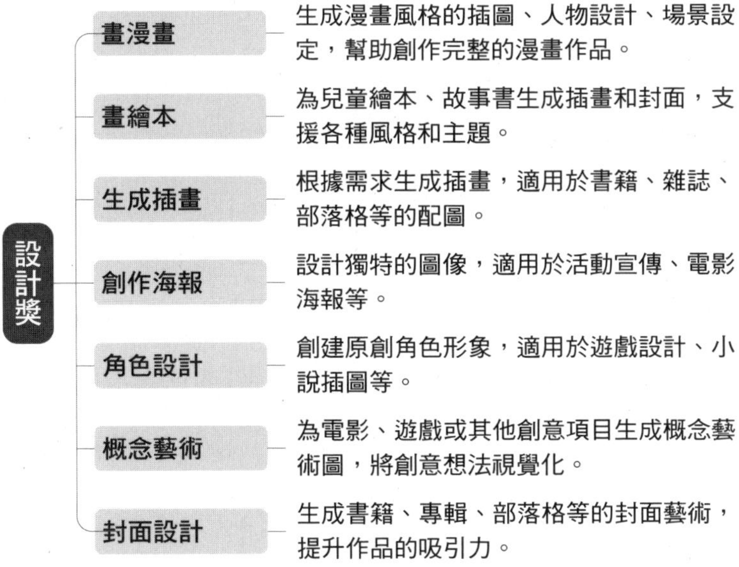

設計獎		
	畫漫畫	生成漫畫風格的插圖、人物設計、場景設定，幫助創作完整的漫畫作品。
	畫繪本	為兒童繪本、故事書生成插畫和封面，支援各種風格和主題。
	生成插畫	根據需求生成插畫，適用於書籍、雜誌、部落格等的配圖。
	創作海報	設計獨特的圖像，適用於活動宣傳、電影海報等。
	角色設計	創建原創角色形象，適用於遊戲設計、小說插圖等。
	概念藝術	為電影、遊戲或其他創意項目生成概念藝術圖，將創意想法視覺化。
	封面設計	生成書籍、專輯、部落格等的封面藝術，提升作品的吸引力。

② 一款先進的人工智慧圖像生成工具，能夠將文字描述轉換為高品質的圖畫。

日常生活與個人項目

- **訂製賀卡**：設計獨特的生日卡、節日賀卡等，生成個性化的圖像內容。
- **創意禮物**：生成個性化藝術品或訂製禮物圖像，適合送給朋友或家人。
- **家居裝飾**：生成獨特的裝飾畫或藝術作品，用於裝飾家居環境。
- **社交媒體內容**：生成引人注目的圖像用於社交媒體帖子，如Instagram（照片牆）、Pinterest（拼趣）等平台的內容創作。
- **個性化頭像**：創建獨特的個人頭像，用於社交媒體或線上遊戲。

職業與商業應用

- **品牌設計**：為小型企業或個人品牌生成標誌、視覺形象等品牌元素。
- **產品概念圖**：為產品設計生成概念圖或產品展示圖，幫助產品開發與市場推廣。
- **廣告創意**：生成廣告宣傳圖，用於線上線下的行銷推廣活動。
- **教育資料**：為教育內容生成插圖或教學圖表，幫助學生更好地理解知識點。

創意與娛樂

- **生成桌遊卡牌**：設計和生成桌遊中的卡牌圖案，提升遊戲的視覺吸引力。
- **虛擬世界構建**：為虛擬實境、電子遊戲等生成背景圖像或場景設定。
- **插圖日記**：記錄日常生活或旅行中的精采瞬間，用圖像形式保存回憶。
- **寫作靈感**：生成圖像幫助寫作者獲得靈感，為故事創作提供視覺素材。

實踐與探索

- **藝術風格探索**：透過嘗試不同的關鍵字和描述，探索多種藝術風格和表現形式。
- **創意表達**：表達抽象想法、情感或主題，生成視覺化的創意表達。

除Midjourney之外，如果你想更深入地瞭解AI繪畫，Stable Diffusion也是一款值得你深入研究的AI繪畫軟體。

Stable Diffusion在媒體領域有著獨特的應用優勢，尤其是在創意方面。它能生成符合品牌特性和市場需求的高度訂製化廣告圖像，不僅可以創作靜態廣告，還能生成視頻畫面，透過後期處理製作完整的視頻廣告。透過訓練模型，它能夠生成特定的品牌風格和視覺內容，適用於網頁、社交媒體、戶外廣告等多種媒體形式的品牌形象呈現。

此外，Stable Diffusion可以生成複雜的遊戲場景和背景圖像，適配科幻、奇幻等不同遊戲風格，並能基於特定資料集生成資訊圖表、資料視覺化等內容。值得注意的是，在最新研究中，Stable Diffusion已經開始與醫學領域結合，用於生成或增強X光片、核磁共振等醫學圖像，應用於醫學研究和臨床應用。

總之，這兩款軟體我都建議大家持續使用。

第三款，可以做PPT的AI軟體。

我們都聽過AI可以做PPT，但是到底怎麼做，很多人丈二金剛摸不著頭腦。我給大家推薦幾款我經常使用的AI

軟體。**第一款叫作MindShow，第二款叫伽馬（Gamma），第三款叫tome，第四款叫iSlide。**

最後，我要給大家推薦一款製作表格的AI軟體，叫Chat Excel。

總之，在新時代，年輕人必須學會這些簡單的工具，它能讓你的效率提高很多，要知道，省下的時間都是自己的。

第四次工業革命已經悄無聲息地到來了，未來人會分成兩種——會用AI的人和不會用AI的人。會用AI的人，會清晰地把這些東西歸為自己所有，成為真正的強者；而不會用的人，將會在時代的洪流裡默默成為一顆螺絲釘。

打造個人IP從獨特性開始

「社會地位」是個特別有意思的詞，我從一個故事開始說起。

我認識一位報社主編。在一次聚會上，我的一個醫生朋友請我和另外一位知名演員一起吃飯。一開始大家還不太熟，喝了些酒後，話題漸漸熱起來。那個主編不知是喝多了還是最近心情不好，突然開始對人發難。他第一個針對的就是這位演員朋友。

他對著演員朋友說了一通話，我只聽清了兩句，第一句是「把你捧紅，我可能做不到，但把你毀掉，我有的是辦法」。接著又說：「你們演員社會地位非常低，在古代你們就是戲子。」這時候演員朋友已經很尷尬了，我趕緊上前阻攔，這位主編竟然轉過頭來對我說：「你們作家地位也不高。」說完他轉向我的醫生朋友，打量半天後只是敬了一杯酒，說：「主任，您多吃點。」

在我寫這一節的時候，這一幕在我腦海中依舊栩栩如生，這個人好像又「活」過來了。不久後他被約談調查，我再也沒見過他。

透過這則故事，我想講的是為什麼在這個報社主編眼中，明明大家的社會階層差不多卻被分成了三六九等。這是因為在世俗觀念中，地位分為兩種：第一種是金錢地位；第二種是社會地位。所謂金錢地位就是你有多少錢，而社會地位則指你的工作及其附加價值。

有些職業雖然收入不算特別高，但附加值很高，比如老師、醫生、律師等，這也是很多家長特別期望孩子從事這類職業的原因。如果身邊有一位律師朋友、醫生朋友或老師朋友，很多人就會覺得特別有面子，同時心裡踏實。因為普通人在生活中難免會遇到一些麻煩，這些麻煩需要專業人士來化解，這就是職業的附加價值。

但現在，階層地位都被新時代解構、打破了。你是否發現，這個時代多了一個專有名詞，叫個人品牌？**這是年輕人的新機會，因為個人品牌正在解構所謂的社會地位。一旦個人品牌成熟，年輕人就不必再去一味地追逐社會地位了。**

因為個人品牌的出現，很大程度上解構了社會地位的固有排序，公開的資訊正在為個人品牌做強有力的背書。當一個人敢於打造個人品牌，就相當於有成千上萬的人為他背書，這種背書是公開透明的。一旦出現負面消息，被放大，這個人的信用背書就會受損。

所以，與其相信小圈子裡的人，不如相信經過市場驗證的個人 IP。這在過去被稱為社會地位，現在則是個人品牌。許多個人品牌做得出色的企業家，其個人影響力已經超過了企業品牌本身。

那普通人該怎麼打造自己的個人品牌？來，做好準備，我要給你的是壓箱底的經驗。

第一，你要具備專業能力，這個能力越細越好。比如我的好朋友石雷鵬老師，他專攻的是研究所入學考試的英文寫作這個利基領域。在這個領域裡，他算是佼佼者，所以只要談到研究所英文寫作的考題預測，他幾乎都能排到搜尋結果的前幾名。因為這個領域本身從事的人不多，競爭相對沒那麼激烈，也讓他的專業能力獲得了充分肯定。

第二，有專業圈子的認證。圈子代表著行業對你的認可，也就是你身邊幾個重要的朋友、同事是否屬於這個圈子。比如我在新東方當老師時，就與石雷鵬老師關係很好。你也能經常看到石雷鵬老師在這個圈子裡跟別人的合照、交流，這就是圈子對他的背書和認證。

第三，有故事。所謂故事就是人們對你的瞭解，有時候作為一個公眾人物，你必須把自己的一些隱私——無關痛癢但公眾好奇的隱私——放到公開場合讓人知道。有時候你甚至需要把與你的老婆、孩子、老公、前男友、前女友有關的故事放到公開場合讓人點評，因為人們更喜歡一個有血有肉有故事的真實的人。

這就是個人品牌的構成：能力、圈子和故事的結合。

當然，個人品牌最終需要透過網路來傳播。網路就是你的影響力載體：能力加上網路等於知識傳播，圈子加上網路等於認證背書，故事加上網路等於個人IP。我常常鼓勵那些在某個領域有專長的年輕人，一定要經營自媒體，記錄自己的精采時刻。

為什麼要這樣做？因為當你的故事和觀點被越來越多人看到，這就成了你的數位資產。農業時代重視農業資產，工業時代注重工業資產，進入數位時代，更要重視數位資產的佈局。對普通人來說，積累數位資產最好的方式就是做自媒體。需要注意的是，不要局限於單一平台，而是要在多個平台同時建立自己的表達管道，讓自己的形象更加立體。

我舉個例子，我在2024年初開始做視頻號，三個月就積累了50萬粉絲。但由於我不知道平台的規則和一些不能說的敏感內容，只能不斷嘗試。在這個過程中，因為平台限流，我在深圳的團隊某天給我註冊了六個號，一個月之後全網已有將近三十個帳號同時發布我直播的切片內容，截至目前，全網已經有六十多個帳號，累計粉絲達2,000萬，觀看人次接近一億。現在想來，真後悔當時拍攝的時候沒洗頭。

你看，這就是數位資產：多樣化的表達、豐富的內容、多平台的分發，個人品牌就這樣做起來了。

如果你也想做個人品牌，但還不確定自己的優勢，可以參考以下方法：

第一，回想過去一段時間，別人找你幫忙的領域是什麼。第二，仔細分析你的工作職責，將你所負責的部分進一步細化。比如你是網路行銷，也許你的核心能力是快速搜索細節資訊。總之，要追求專業細分。

第三，可以嘗試著多發幾個選題。包括教育類、興趣類、技能類等，把這些選題以視頻的形式發到各個平台，持續發，然後看哪個流量好，用資料倒逼你的內容。多去反思和精進，直到確定你的賽道，確定自己的方向。然後就是穩紮穩打，一步一腳印，一定要每天都發，跟自己的粉絲達成一個共識，定時定點地出來表達自己的觀點，表達自己的專業性。

第四，請你屏蔽那些負面的聲音。當你開始打造個人品牌，公開出現在公眾視野時，你那些曾經的好朋友，甚至非常親近的人，大概會對你說風涼話，尤其是當他們看不懂你的商業模式的時候，還會覺得你變了。

但這些都沒關係，你要克服那些負能量，忽略那些反對的聲音，堅定地專注於重要的事情。

祝你成功。

AI讓你的技能指數型爆發

我寫過一本書，叫《請遠離消耗你的人》。在一次行銷會上，我和這本書的主編聊過這個話題：什麼樣的人會消耗你，什麼樣的人能滋養你？

我們聊了一個多小時，最後得出的結論是：當你做事或見人時，要問自己的能量是越來越強還是越來越弱。如果越來越強，說明對方在滋養你。因為他給予了你鼓勵、包容和信任；如果他總是打壓、鄙視你，挑你的錯，讓你的能量越來越弱，那對方就是在消耗你。

我們總結了兩條結論：第一，人是能量體，能量的高低決定這個人的生活品質和看待現在與未來的態度。第二，請務必遠離消耗你的人。所以，我們當時把書名定為《請遠離消耗你的人》。

這本書賣得很好，很多人說從中得到了啟發。但我想告訴你，在走入社會之後，你會遇到很多人，經歷很多事。在你遇到這些人和事時，先別急著做決定，也不要太擔憂，可以找個角落問自己一個問題：這些事是在消耗我，還是在滋養我？

要把能量和注意力集中在那些能讓你變得更好的人和事上。

舉個例子，你是否有過這樣的感受？工作一整天，看似忙忙碌碌卻疲倦萬分，嚴重內耗，甚至開始懷疑人生。這是因為你的工作在消耗你。

如果你的工作具備以下特點，請你抓緊時間遠離：每天都一模一樣，工作內容無限重複，沒有任何改變，今天跟昨天一樣，昨天和前天一樣。這樣的工作會讓你覺得很累，沒有成長，也沒有前途。而且這類工作遲早會被人工智慧取代，只是時間問題。

很多人會說，做這樣的工作不就是為了活著嗎？好，即便如此，也請給自己樹立一個目標和時間底線，最遲什麼時候必須離開這個工作崗位，否則這樣的工作會吞噬你，讓你最終無法脫身。

同樣，還有類似的關係，也一定要下定決心遠離。我特別喜歡馬斯克的母親梅伊・馬斯克寫過的一本書，叫《女人的計畫》。她有三個孩子，當她意識到雖然自己根本離不開這個家庭，但和老公離婚是必須做的事情時，她並沒有抱怨，而是下定決心給自己一個期限。在這個期限裡，想盡一切辦法離開這段關係。果然，她離開了這段關係之後，不僅把自己活成了別人心目中想要的樣子，還把三個孩子培養得很優秀：第一個孩子，伊隆．馬斯克，不用多介紹；次子金巴爾．馬斯克是一位成功的企業家和廚師，創立了多家餐廳和非營利組織；女兒托斯卡．馬斯克是一位著名的導演製片人，還創立了自己的平台。

由此可見，遠離消耗你的人和事是多麼重要。

當然，正在看這本書的你可能初入職場，還處於一個朋友不多的階段，也不知道該如何篩選朋友。我的建議是不要急於社交，先讓自己變得更優秀一些。**真正的朋友是靠吸引來的，不是靠刻意結交的。**當你還不優秀的時候，社交往往是流於表面的按讚之交，你給別人按讚，而別人根本想不到你。當你足夠優秀，自然會吸引到志同道合的朋友。

我經常查看自己各種社交媒體帳號的後台資料，看到留言裡有人罵我，有人誇我。作為一個網紅，最痛苦的事莫過於此——你每天會收到不同的人對你的評價。早年我會認真回覆那些批評我的人，因為我覺得他們對我有誤解。但現在我選擇不再理會，而是在那些誇我的人那兒多停留一段時間。

罵你的人，你千萬不要理，因為你理他只會消耗自己的能量。有些躲在鍵盤後面的甚至不是真人，而是機器和演算法。為什麼要跟它吵來吵去呢？**你要把專注力集中在能滋養你的人和工作上，不要被這些無聊的事情分散精力。**

我再告訴你一個方法，關於如何篩選朋友。如果你的朋友具備以下幾個特點，請你遠離他：充滿負能量，對誰都不滿；與他交談非常費力，在他面前無法做真實的自己，每次開口都需要刻意找話題；他習慣打壓他人……這樣的人請你務必警惕。如果你與這樣的人關係密切，他很可能會不知不覺成為你的天花板。人和事都是如此，日積月累，你的上限就會被他所限制。

我也認識一個這樣的朋友，雖然他在行業內很有名，但相處起來很累。之所以很累，是因為他說話別人不能反駁，批評時你只能聽著。作為江湖上的老前輩，只要他開口，別人就必須讚美誇讚，這樣他才會高興。慢慢地，我發現自己的寫作風格和表達方式都被他影響了，我開始變得越來越像他，卻始終超越不了他。

心理學上有個著名的跳蚤實驗。當你把跳蚤放在一個有蓋的瓶子裡，牠們會習慣性地跳到瓶蓋的高度，因為被阻擋而下落，而不是跳到牠們最大能力所及的高度。即使後來移除瓶蓋，這些跳蚤仍然只會跳到之前瓶蓋的高度，儘管牠們實際上可以跳得更高。這告訴我們：跳蚤在一段時間內被限制後，會產生一種習慣或心理上的自我限制，即使外部限制已經消失。這種現象人其實跟跳蚤非常像。

當個體或群體經歷過某些限制後，即使這些限制被移除，他們仍然會繼續表現出受到限制的行為。這種現象可以用來討論很多話題：教育、社會環境、人際關係、工作等諸多領域，個人或群體的行為都會受到這種「瓶蓋」的影響，這在生物進化過程中也是如此。

就像我在新東方時的一位老師，他教了八年研究所考試的英文翻譯，去美國時發了篇貼文，說自己教了八年，現在卻發現英語水準越來越差，只會使用研究所考試的英文翻譯那些詞彙了。直到他離開新東方，去做真正熱愛的事情，才慢慢走出這個困境。

所以這一節，我想跟你介紹一下這些年對我幫助很大的四個字：**專注優勢**。我們常說「短板效應」——木桶能盛多少水取決於最短的那塊木板。但其實你把木桶翻轉過來，就能盛更多的水。這個世界真正看重的不是你的短板，而是你的優勢。未來更需要的是「一專多能」人才。你需要有一個極其突出的專長，這專長要非常精，其他技能也都會一點。這種人才是時代需要的。

就像我，我一直有一個很厲害的專長，就是語言表達能力。無論是中文還是英文，只要我坐在書桌前，就能迸發出驚人的創作力。不要再過分關注你的短板，因為短板可以透過與他人合作的方式連接到別人的長板，從而打消掉你短板的缺點和劣勢。

如果你現在正處於頹廢期，又沒有找到自己的長板，我給你分享一個方法，可以幫你快速找回優勢。請你拿出一張紙，坐在一個不會被打擾的環境裡，問自己這樣幾個問題：

1. 每天早上你在做什麼？記住，是早上，因為早上的行為習慣往往決定著你的未來。
2. 在過去的幾個月裡，別人找你最多的是什麼事？越具體越好。

3. 在過去很長一段時間裡，有沒有你特別喜歡的事情？你想做什麼？在做這件事時，你會覺得自己越來越好。

請詳細地問自己這三個問題。可以每天問，持續問，問著問著你就會知道自己喜歡什麼樣的生活，未來希望過上什麼樣的生活，這個專長也就越來越清晰了。

當你找到這個專長時，接下來必須學會的是將技能與AI相結合。**如果你確定這是你的專長，想要不斷打磨它，甚至未來想要靠它吃飯，請你一定要用好AI。**現在矽谷已經有很多這樣的教育模式。你知道終點，也知道現在的起點，但對這個過程可能還不夠清楚。你可以透過不斷向AI發問，找到實現目標的路徑。我在矽谷遇到過一個年輕女生，她未來想成為排球高手。她問了AI以下幾個問題：

1. 如何制訂一個適合自己的訓練計畫？
2. 我該如何提高自己的技術和技能？
3. 我該如何增強自己的體能和力量？
4. 我該如何在心理上為比賽做好準備？
5. 我該如何平衡學業跟排球訓練？
6. 我需要什麼樣的裝備和營養？
7. 我該如何跟教練以及隊友合作？

這些問題看似簡單且方向性很強，但隨著你不停地發問，AI能幫你精確規劃每一天需要做什麼。問題越具體越好。然後，你需要制訂一週、一個月和一年的計畫，細化到每天早上、下午和晚上的具體安排。在這個學習過程中，你的優勢會越來越明顯。當你開始專注於你的優勢，就會變得越來越強大。

這裡，我要跟你分享一個新時代特別重要的能力——屏蔽能力。

所謂專注，就是要屏蔽那些與目標毫無關係的事情、人和資訊。對我而言，每週都會有1～2天的斷社交時間，不看手機，不看任何消息。說實話，手機太好玩了，一拿起來真的放不下。但你必須有一兩天把自己放在一個固定地方，享受大自然，關注內心深處，不要看手機。有沒有發現，其實大多數的內耗都是電子產品給你帶來的？一旦遠離電子產品，只帶一本書或隻身深入大自然，就能馬上進入深度思考的環境。

這也是深度思考的重要方法。

請不要低估深度思考和專注的價值，它們是成就一切的基礎。專注會讓你的技能實現指數型的爆發。每次當我決定數位戒斷、斷社交，並開始深入思考時，我都會找一個安靜沒人的地方，戴上防雜訊耳塞（建議一定要買一個防雜訊耳機），拿一張紙寫下接下來的計畫。這樣的效率會出奇地高，方向也會出奇地準。

你會把所有的注意力集中在自己的長處和優勢上，慢慢開始主動設計自己的生活，而不是被生活拖著走。

請你相信，生活就像彈簧。如果不去有計畫地壓它、放大它，它就會跟著心情走。一個人一旦跟著心情走，就會被生活拖著走，逐漸失去對生活的掌控。安靜下來，遠離人群，專注於優勢，尊重創造力，不要被生活拖著走，因為那是最痛苦的。

你是不是也有過這樣的情況？半夜有無數的想法和思考，早上起來卻走回原路。長期自我厭惡、經常猶豫不決、後悔過去、焦慮未來、習慣性拖延，還有最致命的痛苦——過分在意他人的看法。今天這句話說錯了，怎麼能這樣說呢？昨天那件事要是那樣做就好了。這其實都是因為無數無關資訊湧入你腦海中，而你的屏蔽能力很差帶來的必然結果。

在這節末尾，我還想跟你分享5個提高屏蔽能力的方法，希望你今天就能開始實踐。因為人的注意力是有限的，你必須把能量和注意力放到那些真正重要的事情上。

1. 每週給自己1～2天的獨處時間

不看手機，遠離誘因。請不要小看這1～2天遠離手機的時間。大多數普通人都難以擺脫數位媒體的束縛，但我相信你可以努力做到這一點，至少給自己設立一個理想的目標。

2. 直接拒絕不喜歡的人和事情

不要覺得不好意思，這是你的權利。幾天前有一個編輯找我推薦書。我不認識這個人，但我有個特點，就是關於書的事情我都會幫忙，畢竟自己也寫書。但這個人要看我後台的資料，他說：「有沒有什麼書賣得好，能不能把那個數據發給我看？」這完全越界了，所以我非常理性地回答了三個字：「不方便。」之後他給我發訊息，我回覆得很慢，有時候就不回了。因為我又不認識他，為什麼要回覆？再之後他跟我說話就非常客氣了。

你看，一個人尊重你，並不是因為你低三下四，而是因為你會說「不」，你知道拒絕，你值得被尊重。

3. 培養興趣，專注興趣

如果你還不知道自己的興趣和長處在哪裡，請參考我之前寫的文章，我也會在本書第二章中講到如何培養愛好。

4. 刻意鍛鍊自己的專注力

讀書、運動、寫作，都是可以培養專注力的方式。你可以從堅持10分鐘開始，慢慢延長到20分鐘、30分鐘、1小時。我就是這樣，每天早上雷打不動地坐在書桌旁30分鐘到1小時，剛開始可能只寫一兩千字，但會越寫越多。

5. 讓自己忙起來

行動、行動、行動，行動勝於一切。

未來一切都是體驗優先

我先問你一個問題：如果未來知識會貶值，教育的本質是什麼？或者說，什麼樣的教育才最有效？不妨在這裡停頓兩秒，好好思考。

好了，我來給出答案——**體驗式教育**。

想一想，如果我教你一個英文單字，讓你背下來，你能記住嗎？可能多背幾遍最後能記住。但什麼時候你會記得特別快、特別牢？答案只有一個：當你使用它的時候。當你用過這個單字，它就像和你產生了某種化學反應，記憶變得異常深刻。

我後來才明白，這就是體驗式教育的核心。如果學到的知識沒有經過實踐，只是空洞的記憶，它很難真正進入你的大腦。小時候，我讀過很多書。熟悉我的人應該知道，我讀過的書多不勝數。但真正進入我靈魂深處的書其實很少，因為很多知識只是劃過表面，無法形成深刻印象。有段時間我做讀書會，團隊要求每週講一本書，這對我壓力很大。需要一週看很多書，從中篩選好書再講解。一年下來，可能看了三四百本書，但若問我記住了哪些，或哪些觸動了內心，可能一年也就那麼一兩本。因為沒有體驗，知識就顯得空洞。

這讓我意識到，體驗是最有效的學習方式。**未來的教育，最重要的是讓人去體驗。你所經歷和體驗的一切，都是人生給予的課題，都是你能承受的，否則不會降臨到你身上。**

在溫哥華時，我認識了一位私立學校的校長，我倆聊得很投機。他問我：「尚龍，你怎麼理解體驗式教育？」我講了我的讀書經歷，以及來到溫哥華後，雖然看書少了，但感受更深刻了。他點頭說：「讓我帶你看看什麼是真正的體驗式教育。」於是，他帶我去參觀了他們的飛行員俱樂部，和十一年級的學生一起登上直升機。

他帶我們飛上天空，俯瞰藍天白雲、遼闊海洋和綠色森林。我以為這只是一次飛行體驗，但事實並非如此。物理老師也在飛機上，在和飛行員交流後，飛行員突然減慢螺旋槳速度，直升機迅速下墜十幾米，隨後又穩定下來。所有學生都嚇了一跳。這時，物理老師平靜地說：「記住這種感覺，這就是重力。」那一刻，我永遠難忘。

下機後，學生們熱烈討論，好奇飛機為何突然下墜，是技術問題還是刻意安排。

隨後，物理老師在教室裡第一次講到了重力加速度 $9.8m/s^2$ 時，學生們瞬間明白了，記憶深刻。而對我來說，這樣的教育方式讓我意識到，原來我們常用的死記硬背的學習方式遠不如親身體驗。

一個月後，校長告訴我，兩個學生因為這次飛行體驗決定將來當飛行員，還有一個學生立志成為物理學家。這個案例給了我很大啟發，展示了體驗式教育的力量。

我參觀過很多世界名校，發現它們的教育有個共同點：**不只是灌輸知識，而是讓學生去體驗和解決問題。**

世界上的名校幾乎都有一門課，叫作社會實踐課（Field Trip），目的是透過親身經歷解決問題。比如，聖地牙哥的High Tech High學校，學生參與設計智慧垃圾桶項目，研究如何自動分類可回收廢物。透過這個過程，他們學習了程式設計、團隊合作和環保知識。這不是傳統書本教育，而是透過實踐學會解決問題。

在這樣的學習過程中，學生學到了很多課本上學不到的東西。體驗式教育的核心，就是讓你在真實場景中解決問題，並在過程中獲取知識。如果不會某事就去學，沒有資源就去找。這個過程本身就是最好的學習。

類似地，還有馬里蘭大學商學院的一位教授讓學生到社區幫助一家瀕臨倒閉的餐廳。他們幫助餐廳做財務分析、改善管理，最終使餐廳收入增長20%。在整個過程中，這些學生學到了市場行銷、財務管理等實用技能。這些經歷比課堂知識更有價值，因為他們親自參與了實踐。

體驗教育是未來教育的方向。而對於我們每個人來說，人生的每一步都是一種體驗。

體驗式教育不限於課堂，還適用於我們的人生。你經歷的挫折、困難，都是人生的體驗。沒有什麼是你承受不了的，因為你已經在體驗它了。就像我，從大學退學到創業，再到如今來加拿大留學，一直在體驗不同的人生階段。我明白，人生就是體驗。**每個挫折、每段經歷，都是你生命的一部分，都在塑造著你。**

所以，要多去體驗。走出舒適圈，認識更多人，瞭解更多地方，嘗試不同事物。所有你無法理解的傷痛與挫折，都是人生的體驗，最終會成為你成長的一部分。

無論現在經歷著什麼，請告訴自己：這只是人生體驗的一部分，你扛得住。哪怕眼前困難再大，最終都會成為你人生中的一個章節。當你能將痛苦視為體驗，心態就會輕鬆很多。

人生，就是一張體驗卡。每一次的挫折、每一次的經歷，都會讓你成為更好的人。

所以回到這一節開頭的問題——在未來，當知識不再稀缺時，教育的本質就是體驗。而我們每個人的生命歷程，也由無數次體驗組成。最重要的，不是我們學到了多少，而是我們體驗了多少。

健康是穩賺不賠的投資

巴菲特曾經問他的助手一個問題：「你知道40年前賣得最好的巧克力是什麼嗎？」答案是士力架。接著他又問：「你知道現在賣得最好的巧克力是什麼嗎？」答案依然是士力架。

巴菲特有一個投資理念深深啟發了我：**與其去追求那些變化不定的東西，不如去追求那些確定的東西**。在瞬息萬變的時代，重要的不是預測趨勢，而是發現恆定不變的價值。

那麼，未來10年什麼是不變的？或者說，什麼是穩賺不賠的投資？答案只有一個：投資自己。未來10年，務必確保擁有一個健康的身體。

在這一節，我將從科學角度分享如何保持健康。簡而言之，你需要做到四件事，這四件事的排序依次越來越重要。

第一，持續鍛鍊身體。

我的建議是：一定要有一個持續的、科學的鍛鍊計畫，並設定明確的目標。這裡推薦一個方法——SMART原則：Specific（具體的）、Measurable（可量化的）、Achievable（可實現的）、Relevant（相關性高的）、Time-bound（有時間限制的）。比如，跑步、騎行、游泳等運動，每週可以安排3～5次，每次30～60分鐘，這些運動有利於保持健康、減脂，而重量訓練、瑜伽等則可以塑形，讓你看起來狀態更好。

我很愛跑步，因為跑步讓我感覺很舒服，這項投資穩賺不賠。

我也曾經歷「堅持不下來」的困擾。2020年，我決定開始跑步，當時演員肖央正在拍《誤殺1》，他剛愛上跑步，帶著我一起跑，把我累得夠嗆。那是一個美好的冬天，朝陽公園的落葉幾乎掉光了，我們戴著手套和帽子開始跑步。起初，每跑一兩公里我就上氣不接下氣，身體疲憊不堪，心裡也產生過放棄的念頭。但他告訴我，要循序漸進，每天多堅持一點點，把跑步變成習慣。後來他進組拍戲，我們開始雲跑步，我給自己設定小目標，比如第一週跑3次，每次2公里，然後逐漸增加到3公里、5公里、10公里……就這樣一點點突破了自己。

我記得特別清楚，跑了100公里的那天，我真正愛上了跑步。隨後，我竟完成了4,000公里的累計里程！跑步徹底改變了當時頹廢的我。每天迎著朝陽跑步時，焦慮和壓力似乎都被汗水帶走了，身體的變化也帶來極大的成就感。跑步不僅讓我更健康，還培養了自律精神和堅持的能力。

所以，我特別想告訴你：不要輕易放棄。鍛鍊的意義不僅在於健康，還在於能帶來全新的生活方式。你會發現，原來自己能跑得更遠，也能走得更長。

後來，他陪我跑步的時候，每次都會說：「放慢速度，別那麼在乎配速。」

第二，改善飲食。

我寫過輕斷食，建議大家不要吃太飽。因為人一旦吃得過飽，容易想睡，思維也會變慢。人類的哲學思考和童話故事，往往誕生於飢餓時刻。

關於飲食，最重要的是營養均衡。我的建議是：不要只吃一類食物，什麼都應該吃一些。蔬菜、水果、全穀物、瘦肉、魚類都要攝取。我們稱之為「地中海飲食」，因為它富含不飽和脂肪、纖維、植物性蛋白和抗氧化物，被公認為有助於心臟健康和降低慢性病風險。

我曾經親身實踐改變飲食的好處。記得在某個階段決心減重時，我3個月就減了10公斤。當時，我並沒有選擇極端節食，而是開始有意識地關注飲食習慣，比如放慢進食速度，讓每一口都更有意識，細嚼慢嚥。這不僅讓我更容易有飽足感，而且自然減少了進食量。

我還特別注重均衡地攝取營養，避免暴飲暴食，同時減少糖、油、鹽的攝取。比如，把主食換成糙米或全麥麵包，增加蔬菜和優質蛋白質的比例。3個月後，我的體重就下降了很多，身體變輕，精神狀態也變得更好了。我深刻感受到，一旦「有意識」地進食，身體就會給出正面的回饋。

世界衛生組織（WHO）建議成年人每天攝取400克以上的水果和蔬菜，這有助於預防慢性病。全麥麵包、糙米、燕麥片富含纖維，有助於消化，並降低心血管疾病和糖尿病風險。瘦肉、魚類、豆類、堅果則提供人體必需的胺基酸。

記住兩點：第一，不要吃太飽；第二，營養均衡，什麼都吃。另外，多喝水，少吃糖，少油、少鹽。這幾點如果做到，飲食就已經相當健康了。

第三，睡好覺。

我有個特點，就是無論發生多大的事，只要天沒塌下來，我都會先讓自己睡覺。每天雷打不動，至少睡夠7小時，只有這樣才能保持精力充沛，這是我的生存之道。無論遇到什麼麻煩，先睡好覺。

這裡推薦一本書：《最高睡眠法》。書中提到了「黃金90分鐘睡眠法則」：如果無法保證充足的睡眠，一定要確保前90分鐘的睡眠品質。這90分鐘如果睡好了，效果相當於睡了七八個小時。如果習慣午休，時間儘量控制在20分鐘以內。睡前要避免劇烈運動和咖啡因攝取，可以透過讀書、寫作來放鬆心情，同時避免接觸藍光，確保臥室環境安靜、黑暗、涼爽。

第四，保持心情愉快。

我經常跟大家講，一個人的心情愉快與否，不取決於他遇到了什麼事情，而在於他如何看待這件事。比如，當遇到糟糕的事，難道不是上天給你啟示，或者讓你獲得成長的機會嗎？以樂觀的心態看待世界，心情自然會好很多。

這裡我也講一個自己的小故事。有一天，我正在滑手機，突然看到有人在網上罵我，而且用詞相當激烈。起初我有些生氣，想要解釋，但隨後我停下來，反而笑了——看著這些出乎意料的「批評藝術」，倒像是在觀賞一場脫口秀表演。這種獨特的情緒表達方式，難道不值得一句「感謝你今天讓我樂了」嗎？

後來，我腦補了一場奇妙的對話：

「你為什麼這麼生氣？」

「因為你寫得不好！」

「哦，那請問你看了這麼多，還能順便糾正一下錯別字嗎？」

轉念一想，我為什麼要被不相干的人影響自己的情緒呢？於是，我放下手機，出去跑了一圈，呼吸新鮮空氣，心情瞬間輕鬆了。那天我還自己總結了一句「雞湯」：不認識的人說的話，就像陌生人掉在地上的東西，你撿起來，圖啥？

這件事之後，我給自己定了一個原則：如果有人批評我，我只聽「有道理的部分」，剩下的，就當看了一場免費喜劇節目。世界那麼大，總會有一些奇奇怪怪的聲音，你無法左右他人說什麼，但你的心情完全掌握在自己手裡。

我相信，未來10年你與同齡人之間拉開差距的關鍵就在於保持身體健康。如果你所做的能符合這四條原則，即使無法跑得比別人快，也能走得比別人遠。

我很慶幸自己在20多歲就養成了運動、健康飲食、規律作息和保持心情愉快的好習慣。如果沒有這些，我到了30多歲可能就已經力不從心。正是這種相對自律的生活方式，讓我能夠走得更遠、更持久。

人與人最終拚的不是短跑，而是一場持續的馬拉松。願你在未來10年保持健康、快樂和積極的心態，越來越好。

允許自己Gap Year

Gap Year到底是什麼？

這個詞來自西方。當一個人遇到瓶頸，或者出於某種原因想要暫時停下腳步時，就會選擇Gap Year。

如果你現在工作不順利，或者心情不好，都可以嘗試去做一些改變。我身邊有好多人在年輕的時候選擇了Gap Year，有考研究所失敗Gap Year的，也有工作迷茫Gap Year的，但我覺得並不一定要等到人生遇到挫折，才去嘗試Gap Year。**任何時候，只要你覺得前方可能不是康莊大道，就可以選擇逆社會時鐘，去做一些你想做的事**。比方說我身邊有人去農場體驗生活，有人在家陪伴父母培養感情，或者休學一年嘗試自由職業。

整個2023年，我的工作都趨於飽和。我預見到，未來幾年自己就算拚了命，也大概不會再有大的飛躍。於是我決定在2024年開啟Gap Year，去多倫多大學讀研究所。我選了一個與過去經歷比較遠的專業——人工智慧。現在你可以看到，正是這個決定，讓我有了今天持續不斷地輸出和完全不同以往的表達方式。

我到多倫多的第一個月，就把自己完全放空了，我的創造力開始無限膨脹。視頻號在三個月內做到了100萬粉絲，抖音從原來三年累積的20萬粉絲，在三個月內飆升到50萬。那時我才明白，人一定要讓自己放鬆下來，才能激發創新力。

換一個城市，換一個國家，換一個環境，換一群身邊的人，都能提升你的戰鬥力。

內耗是沒用的。**未來的時代，年輕朋友一定要記住：內耗一點用都沒有，那只是低效的努力。**如果不去思考戰略方向，不讓自己放鬆下來審視前進的方向，只在戰術上勤奮，其實是在偷懶。未來，你必須有創新力，要有從0到1的能力。

也有人把Gap Year翻譯成空窗期。對很多在中國長大的學生來說，空窗期是很難想像的。很多家長一聽到孩子想有一年時間什麼都不做，第一反應就是一巴掌搧過去，說：「你是想混日子嗎？你到底想幹什麼？」但在其他國家，這很常見。經歷半年到一年的調整期，反而能更好地找到方向。

賈伯斯在遇到事業瓶頸後選擇禪修，七個月後回到現實，決定創立蘋果公司。山姆．奧特曼賣掉公司後，也曾迷茫了一段時間，於是決定休息一年。用他的話說，每次參加社交活動，別人問他在做什麼，他說自己在空窗期，所有人看他的眼神都變了。但正是這一年，他決定創辦OpenAI，才有了後來的ChatGPT。

很多人為什麼不敢有Gap Year？是因為我們這一生特別在乎什麼時間該做什麼事，所以我們超前部署地在小學學初中的課，初中學高中的課，高中就開始準備大學的課，大學畢業後又急著結婚生子。直到結婚生孩子後才發現，原來沒有一天在做自己真正想做的事，也沒有一件事是符合自己意願和理想的。

我每次刷抖音都特別焦慮，因為似乎每個基礎教育的老師都在強調：一年級很重要；二年級很重要；三年級很重要……

現在，隨著老年人越來越多，老年大學的項目也越來越多，課程裡甚至出現了「60歲很重要」「70歲很重要」。我就想問：哪一年不重要？

在這種焦慮狀態下，每個人都覺得休假一年就是浪費時間。但其實完全沒有必要這樣想。有人擔心休假一年後求職時，面試官會追問這一年做了什麼。如果答不上來，就找不到工作。但如果一個面試官糾結於這個問題，恰恰說明這份工作本身就缺乏價值。

更何況，休假一年之後，你就會明白僅靠打工是無法實現財富自由的。過度勞累的工作只會讓人越來越疲憊，越來越順從，最終失去自我。你也會慢慢明白，工作隨時都可以做，但能讓自己幸福地放空一年，是一件多麼珍貴的事。

所以我在此就不多說了。我相信，你應該很清楚Gap Year的重要性。接下來，我想分享一下我的看法和建議。

第一，任何時間都可以Gap Year。

Gap Year可以在高中畢業進行，也可以在大學畢業進行，或者不一定要在畢業時進行。工作之後，你也可以Gap Year，回來之後沒有這份工作也沒關係，說不定有更好的在等著你。沒有人規定什麼時間必須完成什麼事。

未來是終身學習的時代，我們不該把自己局限在固定的工作模式中。比如我作為一名內容創作者，不會把自己束縛在朝九晚五的工作制度裡。有時一個想法在深夜湧現，我會立即打開電腦記錄和創作；有時早起思維特別清晰，我就利用清晨的寧靜專注寫作。在創作的間隙，我會閱讀各類新書，學習不同領域的知識，這些都轉化為創作的養分。正是這種靈活的工作方式和持續學習的狀態，讓我能不斷產出有價值的內容。

所以你在任何時間都可以進行Gap Year，關鍵不在於具體的時間，而是當你覺得過不去、遇到瓶頸、學不進去的時候，或者感覺自我認知出現問題，找不到自己的時候。這時候你就停下來，不要等，要立刻停下來。

有時候，停下來比繼續奔跑要聰明得多。我不是鼓勵大家不奔跑，而是要先把方向選對。如果方向錯了，越跑越偏，跑到後面就是死胡同，還得跑出來。那時年紀已經大了，跑不動了。

還有很多人說：「我沒有錢。」你看，這就是我之前總跟大家講的存錢重要的原因。如果你現在一分錢都沒有，就說明過去很長一段時間你的生活方式和節奏是有問題的。這種生活方式別說想Gap Year一年了，可能10天都撐不住。為什麼要把自己活成這樣呢？應該想辦法去修復一下自己。

第二，無論如何，走出去。

一個人看見的世界決定了這個人能走多遠。如果你在一個小城、小鎮或者鄉村，生活時間太長了，你根本不敢相信外面的世界有多大。人就是因為走出去，眼界才寬了，思想才深了。我18歲時去了北京，之後也去過世界很多地方，但從來沒有在一個地方長住過一段時間。在北京那段時間，我無比焦慮。每天都有各種各樣的人請我吃飯、喝酒。我有時候特別詫異，我也不缺錢，為什麼這麼焦慮？

後來我明白了，當你陷入一種惡性循環，每天都重複相同的事，別人的焦慮就會傳遞給你。如果你不換圈子，就永遠被這種焦慮控制。所以我逼著自己退出身邊最熟悉的社交圈，遠走他鄉。

到了加拿大之後，我在第一個月是興奮的，第二個月開始過上了一種安穩的生活。白天在圖書館寫作、看書，下午跑步，晚上陪家人，早早睡覺。我突然發現，其實自己不用總是那麼拚命。

最重要的是，我認識了一些新朋友，他們給了我很多不同的啟發。他們來自全世界，思維不局限於一個維度，和他們交流多了，我的思路也被打開了。我現在一點也不焦慮，每天無論誰緊急打電話找我，我都像聽不到一樣。但我都會在第二天心情舒暢的時候回覆郵件或訊息。我的生活看起來沒有任何變化，收入也沒有減少，但狀態反而更好了。

所以走出去特別關鍵。我說的走出去，不僅是指現實上的走出去，關鍵是心態上也要走出去。

第三，提前做好準備。

當你看完這一節，腦子裡萌生了Gap Year的想法，先恭喜你！我再聲明一下，未來如果你真的決定Gap Year，你一定會感謝現在的自己。到時候請你幫我把這本書推薦給更多人，讓他們也有機會改變自己。

不過，當你萌生了Gap Year的想法，記住要提前做好準備，有存款很重要。如果你決定Gap Year，先算一下半年或一年最低的生活成本，包括來回的機票、火車票和住宿費用。不用擔心，實際上費用並不高。只要你會查攻略，善用人工智慧幫你蒐集一些低成本的生活方式，就不會有太大問題。這個世界不會讓你無路可走。

除了這些，還要提前思考你的最低生活標準，以及這一年裡你想要的新方向。是不是想寫本書？有沒有哪些好書一直想看卻沒時間看？有沒有什麼事一直想做？有沒有什麼人一直想見？有沒有什麼地方一直想去，但出於各種原因沒能實現？

把這些想法當成Gap Year的理想和目標，你會感謝那個有勇氣改變的自己。

資本是怎麼左右你的審美的

這一節我要和大家講外貌焦慮。這是當代年輕人特別擔心的事情，擔心自己變黑，擔心自己變醜，擔心自己個子不夠高，擔心自己臉上起了皺紋。這些擔心聽起來很有道理。

為了讓自己變美，很多人不惜一切代價。但是請恕我直言，**這種外貌焦慮和年齡焦慮，本質上都來自資本的操控。**那些一味追求美貌、帥氣、不老的人也並沒有多酷。甚至我想說，如果你看完這一節，你可能會清晰地看到資本是如何改變你的觀念的。

長期以來，大家會把「白、幼、瘦」當成美的標準。但仔細想想，這三個標準與古代中國人的審美並不相同。作為黃種人，為什麼我們一定要追求白而不是黑呢？有人會說：「這不是很正常嗎？誰會追求黑呢？」

在不同的文化背景下，人們對美的理解是豐富多樣的。比如在一些度假勝地，你會看到有人享受陽光浴，追求自然健康的古銅膚色；也有人偏愛保持較淺的膚色。

所以，美並沒有單一的歸類或劃分，每個人都可以有自己對美的理解和追求，膚色的深淺本身並不能決定什麼是美，重要的是找到適合自己、讓自己感到自信的方式。那為什麼「年輕」又一定等於美？人難免會老去，但我們為何總覺得年輕就是美？現在不知有多少三四十歲的人每天堅持敷面膜、補水保濕，甚至進行醫美手術，只為讓自己顯得年輕些。

但是，你看梅伊．馬斯克，或是在加拿大街頭那些開著跑車的老頭、戴著墨鏡的老太太，難道不也是一種美嗎？我們是從什麼時候開始把年輕等同於美的？

當你開始思考這兩個問題，就已經在重新定義和思考美與審美了。

接下來，繼續跟著我的邏輯思考：為什麼瘦是美？古代並非一直以瘦為美。在楊貴妃所處的時代，豐滿才代表美。如今在國外，很多人也認為胖是一種美，是一種勻稱。瘦是從何時開始成為美的標準？「反手摸肚臍」又是從什麼時候開始成為美的象徵？

我想，你已經開始產生疑問了。我們的審美為何變得如此統一？答案很簡單：**讓你變白、變瘦、變幼是反人性的，不僅如此，還需要花費大量金錢。**中國人本就膚色偏黃，想要變白很難，就需要花很多的錢。相比之下，想要變黑卻很容易，在沙灘上曬一曬就行。正因為變白困難，才會有眾多美白產品等著消費者購買，商家自然能賺得盆滿缽滿。

至於「幼」，一旦被定義為美，就能刺激人們購買各種抗衰老、護膚產品。因為人如果不做任何護理，會日漸衰老。而這些產品，哪一樣不需要投入大量金錢？

再說「瘦是美」。你知道減肥產業有多賺錢嗎？就連最基礎的減肥課程、食譜製作，都能造就不少百萬甚至千萬富翁。更不用說那些物理減肥、抽脂手術、減肥藥品的龐大市場了。換言之，只要你有外貌焦慮，醫美公司、保險公司就能從中獲利。

你知道有多少醫美公司已經上市了嗎？有多少醫美公司擁有幾百上千人的團隊？其中最重要的就是銷售和宣傳部門。宣傳部門的職責就是製造焦慮，一旦你產生了年齡焦慮、外貌焦慮，他們就會適時推出解決方案。想瞭解嗎？那就需要花錢購買他們的產品了。

我在美國有個白人朋友，他的妻子是四川人。他總說他妻子美若天仙，性格也好，讓我覺得他是不是佔據了我們的「審美份額」。但有次去他們家，發現他妻子按傳統審美標準很普通：眼睛小，臉上有顆痣，膚色偏黑。當然，這樣評價他人不太恰當，但確實與主流審美相去甚遠。

那天晚上我們聊了很久，我才發現自己的審美被資本左右了。當廣告上出現的都是雙眼皮模特兒時，你自然會覺得丹鳳眼不好看；當模特兒都是金髮，你會覺得黑髮不好看；當所有報紙、雜誌、電視、網路上的美女都是「白瘦幼」時，你不可能認為與之相反的特徵是美的。**我們的審美被大眾審美標準控制了，而這個標準又被資本家控制著。**

這些年越來越多普通人開始追求極致的瘦，連男性也效仿女性，讓自己變得特別瘦。

寫到這裡，我想起第二個故事。每次講這個故事都有些顧慮，因為它既反直覺，又可能得罪人，特別是商家。但既然這是一本要給年輕人掏心掏肺的書，一本能啟發思考的書，該講的我還是要講的。

我先說一個人，著名的俄裔美籍作家納博科夫。1952年，他創作了不朽名作《蘿麗塔》。如果你讀過這部作品，就會發現其中有個經典戲劇結構——大叔與小女孩。這個人物設定後來影響了許多電影，比如《終極追殺令》。我讀過《蘿麗塔》多遍，始終不明白為何它會被全球禁止。除了其中的戀童癖元素，作者本人也對此進行了批判。

後來我從一個網站瞭解到，美國曾實施一個著名的「去雄計畫」，發起人是喜多川。當時，美國佔領日本後發現這是塊難啃的骨頭，很多日本人對美國的價值觀和統治深感不滿。於是成立了傑尼斯事務所（其實就是現在的娛樂公司），他們透過包裝和宣傳，最重要的是推出美少年天團、木村拓哉和少年隊（可看作TFBOYS、小虎隊的參考原型）。

透過這些選秀節目，美少男們逐漸走紅，資本開始大規模進入，不斷推廣這些被「去雄」的年輕男孩，讓少女們為他們投票。慢慢地，這些人成為時代偶像。電視中只能看到這類人物，他們也變成了一代人的理想。在潛移默化中，人們的審美被改變了。

雖然納博科夫的《蘿麗塔》在北美被禁，但在日本卻風靡一時，那個時候日本人甚至把矮小的女孩統稱為「蘿莉」，這個詞沿用至今。

當美國資本逐漸介入日本的審美領域時，日本的審美發生了變化。他們開始將「小」和「矮」視為美，視為「蘿莉」。無論男女，只要身材小、矮、瘦，就被認為是美的。在媒體中，蘿莉成為日本典型的主流審美，甚至出現了許多控制孕婦體重的論文，認為孕婦太胖會生出不夠美的孩子。因此，日本曾有很長一段時間，連新生兒都比其他地方的嬰兒偏小。

「白、幼、瘦」成為主流審美，與西方推崇的高大健美形成鮮明對比。連男性的審美標準也改變了，女性身高超過160cm就被視為不夠美，170cm的人則被稱為「怪獸」。

短短幾十年間，日本的審美發生了轉變，開始推崇花美男和小鮮肉。我們熟知的《流星花園》版權就源自日本，「F4」這個詞也最早來自日本。後來台灣引進這個模式。

當「白、幼、瘦」成為唯一審美標準時，日本的「去雄」運動就開始並延續至今。很多人認為日本人身材矮小是基因使然，卻未想過基因也會受到資本的影響。

當矮小、幼態的人能獲得更多社會資源和資本時，整個社會就會朝這個方向發展。個子矮、小、白的人更容易找到伴侶，傳遞基因。在這種審美影響下，整個民族就會變得相對虛弱，也不太可能再有高大強壯的人去挑戰所謂的文化權威。

「蘿莉」一直是日本的主流詞彙。隨後，韓國複製了日本的商業模式，並且更進一步。作為依靠娛樂業發展的國家，韓國在各個方面都追求極致。他們的女團、男團成了「白幼瘦」審美的最佳載體。

1999年，我9歲時，韓流迅速席捲兩岸。女孩們開始追求幼、白、瘦的形象，男生們則變得越來越「柔美」。那時，男生把頭髮留得很長，留成後來F4的樣子，形成一種潮流。儘管學校老師三令五申禁止這種髮型，但男生們還是偷偷效仿古惑仔、陳浩民的造型。

為什麼會這樣？因為有大量媒體推波助瀾，湖南衛視就是製造這種單一美學的主要宣導者之一。他們製作了很多節目，其中最有名的就是《超級女聲》和《快樂男聲》，每個節目都在傳播這樣的形象，捧紅了一批小鮮肉，同時也讓年輕人失去了多元化的審美，認為單一的審美才是關鍵。

這些年來，各大平台一直在做這類綜藝節目。汪海林老師把這類節目稱為「養成類綜藝」，說養雞養狗可以，現在養人也可以。這樣的節目捧出了年輕人的偶像，讓他們潛移默化地認為這種長相、身材、狀態就是美。

年輕人從來沒有想過，資本正在潛移默化地改變他們的認知。讓我們回到主題：當我們的審美已經形成，當「白、幼、瘦」以及年齡焦慮、外貌焦慮成了年輕人的主流思維時，你的錢最終流向了哪裡？韓國成為整形大國，日本成為化妝品大國，歐美成為美容儀器出口大國——你現在明白你的審美是如何被擊穿、擊碎，最後只剩下殘缺的狀態了嗎？

之前「蘿莉島」事件的爆發，讓我重新思考這些問題。西方上流社會似乎天生偏愛蘿莉形象，甚至將女孩囚禁在「蘿莉島」供富人享用。這讓我想到，日韓都是美軍的駐紮地，那麼多美軍在日本和韓國，他們需要什麼樣的文化來滿足需求呢？只要將這些國家的人們馴化成美軍期望的樣子就夠了。

我們是如何受到影響的？答案只有一個：文化入侵，這種帶著濃厚資本色彩的文化入侵了擁有全球最大市場的國家——中國。從年輕人開始，造就了一批缺乏獨立審美觀念的年輕人，其中也包括我。

我在攻讀MBA期間思考了很多商業如何改變世界的案例。當我想明白這件事後，我的反抗很簡單——理髮純剪不洗頭。我們家衣櫃裡有二十多套一模一樣的衣服，我絕對不會讓他們割韭菜。我每天取一套直接穿，不會花任何時間去考慮外貌、長相、帥不帥這些問題，因為這些都不重要，我也不會讓這樣的想法佔據我的大腦。

我腦子裡的馬場，自己決定讓什麼樣的馬去賽跑。越來越多的人知道這套理論和邏輯，越來越多的審美會被激發出來，你們所提到的年齡焦慮、外貌焦慮也會逐漸消失。

最後，我來做一個總結：自信就是白，健康就是瘦，自然就是幼。

美沒有標準，你認為的美就是美。

什麼樣的愛好才值得長期堅持

在這一節的開頭，我想告訴你，**在這個時代愛好是可以培養的，並不是與生俱來的**。

如果你能夠培養一個愛好，並把它發展成專長，你會感到非常幸福。我以前從未覺得寫作是一件幸福的事，直到現在每天早上開始梳理思路，才發現自己對寫作上癮了。如果哪天沒寫點東西，沒看點書，總覺得生活少了什麼。

有很多年輕人在後台留言問我，哪些愛好值得培養並能讓自己持續成長？我把愛好分為四類，每一類都可以從零開始。

第一類：能鍛鍊身體，讓你健康的愛好。

- **騎行**。現在共享單車越來越多，你可以嘗試用騎行代替走5公里或10公里的路程，感受風、速度和穿梭城市的樂趣。這不僅能鍛鍊身體，而且是放鬆大腦的好方式。

- **爬山**。爬山能讓人迅速安靜下來，尤其是邊爬山邊聽音樂，能感受到征服高峰的成就感，還能從不同角度看城市。
- **跑步**。我最喜歡跑步，每天不跑一會兒就渾身不舒服。因為跑步能讓我找到生命的掌控感，放下雜念，專注於當下。
- **滑雪**。雖然滑雪難度較大，但它能培養平衡感。如果你不喜歡滑雪，可以試試滑板，同樣能舒緩壓力。

第二類：自我提升類愛好。

- **看電影、紀錄片**。很多電影、紀錄片雖然時間較長，節奏也較慢，但能真實地反映人性、生活，幫助你深入理解各種人生和處境。
- **讀書**。讀書是成本很低但回報非常高的投資。只需要用幾天或一個月的時間，花幾十塊錢就能獲得作者的深度思考。
- **烹飪**。做飯是一種關愛自我的方式，認真對待每一餐，就是在認真餵養自己的心。
- **存錢**。當你看到存款越來越多時，心情會越來越好的。

第三類：創作類愛好。

- **寫作**。每天堅持寫作，不僅能幫助你表達，還像在這個世界上播種，總會等到開花結果的那一天。

- **拍短影音**。曾經我並不覺得拍短影音重要，直到自己成了小網紅，才發現拍影音真的會上癮，能持續表達自我。
- **學樂器**。吉他、笛子、電子琴、烏克麗麗等都可以自學，網上有很多教程。培養這類愛好，能讓你在聚會時有更多展現自己的機會。
- **跳舞**。跳舞並不是為了取悅別人，而是為了自己。每個民族都有跳舞的傳統，跳舞能展現身體的魅力。
- **做手工**。電路、紡織、繪畫、織毛衣、做香薰、剪紙、釀酒等都屬於手工。手工的核心是專注，這種專注能讓你與自己的內心對話。

第四類：低成本的愛好。

- **用手機攝影**。現在一部手機就能拍出大片。很多優秀的攝影師也說，用手機完全可以捕捉美好時刻。
- **學茶藝**。淨手、燙杯、澆水、沏一壺茶，能充分調動感官，享受茶的香氣與美好。
- **練書法**。練字不需要太多工具，一支筆、一張紙就夠了。這是一個讓自己靜下來的過程。
- **做瑜伽**。忙碌工作後，瑜伽能幫助你緩解疲勞，讓身體得到舒展，放鬆下來。
- **冥想**。幾年前我開始接觸冥想，起初並不覺得重要，但隨著每天早上堅持半小時，我發現自己的狀態越來越好。我很推薦冥想。

這就是四類值得持續培養的愛好。

愛好能讓一個人獲得新生。強者都有自己無比熱愛的事，他們願意投入大量時間和精力。堅持做熱愛的事，一定也會讓你感到無比幸福。

有一天，人工智慧會給你發錢

寫到這裡，我想跟各位說一句聽起來可能有點「雞湯」的話（但放在這個時代，一點不「雞湯」）——活下去。

「活下去」非常有必要。

「活下去」可以分為兩個層面：第一個是生命意義上的活下去；第二個是不要下牌桌。假設你正在創業或者做某件事，記住：不要輕易下牌桌，等待更好的時機。

拿我來舉個例子，其實我現在完全可以選擇不工作，過去積累的財富已經足夠讓我過得輕鬆愉快，我完全沒有必要讓自己繼續過得疲憊、壓力大或者不開心，也不用再繼續創業。但你可能注意到，我依然在每年出一本書，依然堅持創作。

原因很簡單：保持活力，留在牌桌上，就是前進的動力。最近看到的一則新聞讓我深受觸動。一位來自中金公司的年輕女孩因為壓力過大而選擇了結束生命。一般來說，高收入往往伴隨著巨大壓力。深入研究這個案例後，我發現這位女孩是將自己置於了一個難以脫身的困境中。

想像一下，她透過努力考上名校，最終進入中金，身邊都是富二代或者賺高薪的「金融民工」。年收入雖高，但她可能沒有預料到，有時候，時代就像電梯一樣在上行，你只要站在電梯裡，怎麼做都是對的，但當時代發展趨緩時，無論你怎麼努力，電梯還是會往下走。

雖然我不是金融專業出身，但我喜歡研究資料，經常關注政府工作報告和各行業資料。我早在2023年就建議身邊朋友及時售出多餘房產，不要繼續購屋。因為很少有人能承受每月的房貸壓力，這種生活模式難以持續。當你連未來的工作都無法確定時，如何能確保持續供款？這種決策往往建立在過於樂觀的假設上，認為公司不會裁員，自己能夠一直工作。但現實情況如何？多少人的人生規劃建立在這樣的假設之上？

女孩因裁員而選擇輕生的新聞讓人心痛。她認為人生已無出路，但如果能離開一線城市，回到家鄉，也許會發現世界遠比想像的寬廣。

柏拉圖曾有個著名的洞穴比喻，說人只能看到牆上的倒影，認為這就是全世界，**但其實只要你回頭，走出洞穴，世界會變得更大。**

在經濟增長放緩的時候，作為個體，最明智的策略就是什麼都不做。你可能覺得這不符合邏輯，不妨反問自己：當下哪件事是完全符合邏輯的？其實，「活下去」才是最符合邏輯的。

我之所以鼓勵大家活下去，源於我在北美學習人工智慧時接觸到的前沿理念。透過深入研究一篇長達百頁的論文，我認為AGI時代將在2027年全面到來。AGI不同於現有的專用AI，它能在多個領域展現出與人類相當的智慧水準。到時候，我們的生活方式可能會發生翻天覆地的變化，比如早上醒來時，只需輕聲呼喚，就能享受自動送達的早餐和咖啡。

你期待這樣的生活嗎？如果這樣的未來真的在2027年或稍晚些時候到來，你難道不想親眼見證嗎？如果現在放棄，你將錯過這個激動人心的時代。

矽谷專家預測，AGI之後將迎來ASI時代。ASI不僅在運算速度和計算能力上超越人類，而且在創造力、情感理解和道德判斷等方面也將遠勝於人。人類引以為傲的能力，在ASI面前可能都將黯然失色。你不想見證人類在這種變革中的角色轉變嗎？

馬斯克更提出了UBI（無條件基本收入）時代的願景。在UBI制度下，政府將向所有公民無條件發放足夠的生活保障金，讓人們擺脫生計之憂。人工智慧將成為社會財富的發放者。這樣的時代來臨時，我們的社會將如何重構？房產價值可能大幅改變，醫療和教育體系也將經歷深刻變革。

讓我們預測一下，在未來的UBI時代，每個人都能擺脫基本生活壓力，獲得充分的經濟保障。你不用擔心日常生計，你可以有更多的時間去做自己想做和熱愛的事，你還能為個人成長和探索預留更大的空間。

想像一下，一個不必為生存奔波的時代可能很快就會到來。你可以自由地學習、旅行、創造、戀愛，甚至與自己對話，尋找人生方向，享受科技帶來的便利。

這些改變也許就在眼前，雖然現在還看不清晰，但終將成為現實。錯過這樣的未來豈不可惜？所以我要再次強調：請相信週期規律，在時代越來越糟糕的狀態下，未來只會越來越好。

時代越來越好的狀態下，也一定會有一個下坡。

做好準備，活下去，等到那一天真正來臨。

一個無須為生存奔波的時代即將到來，

活下去，努力看向未來，

那時的世界會遠超你的想像。

機會篇

懂趨勢的人才能抓住機會

金錢

篇

財富是對
認知和意志的獎勵

金錢篇

注意力流向的地方，
就是金錢流向的地方。

怎麼找到賺錢的工作和行業

在我的公眾號後台，很多人問我，怎麼找到賺錢的工作和行業？

我來給你一個反直覺的答案：找一個你熱愛的。**只要這件事你足夠喜歡，就能賺到錢。**你可能覺得難以置信，但事實就是如此，因為你喜歡一件事，就願意持續精進；因為你能精進，所以可以把它做得更好；因為你能做得更好，所以會賺到更多的錢；因為你能賺到更多的錢，所以你會更喜歡這份工作。

這是一個良性循環，任何行業都是如此。

知名作家村上春樹起初只是熱愛寫作，從未想過靠寫作謀生。但透過不斷精進，他的作品不僅暢銷全球，還成為無數讀者心中的經典。同樣，在B站上，有很多年輕人因為熱愛手工、剪輯、配音等小眾領域，堅持輸出高品質內容，最終也能透過流量和贊助獲得穩定收入。我看過一個統計資料，說2023年中國內容創作者經濟市場就已經突破1,000億元人民幣的規模，這表明「熱愛」正在逐漸轉化為可獲得財富的職業路徑。

所以，回到這章的標題，畢業第一次選工作怎麼選？讓我站在我的角度先跟你玩一波快問快答：

1. 工作是選錢多的還是選熱愛的？

選熱愛的，因為熱愛的事情做起來更有動力。

2. 是選穩定的還是選熱愛的？

選熱愛的，因為只有持續的熱愛才能帶來持續的穩定。

3. 是回老家還是去大城市？

去你熱愛的地方。對我而言，大城市裡包含著我所有的熱愛，那裡有未知的探索、豐富的社會資源和廣闊的見識。

每個問題背後都是一種選擇。

我曾經在一所高中辦簽書會時，有位女生說：「我們這一代人似乎什麼都能幹，但又什麼都幹不好。我們接收的資訊太多，又年輕，以至於我覺得什麼都能嘗試。反而讓我特別迷茫，不知道未來該如何選擇。」這是個非常好的問題。

我年輕的時候，網路還沒那麼普及，大家知道的東西比較少，一旦選擇了方向，除了堅持似乎別無選擇。但現在不同了，選擇太多了人反而容易迷失。現在的年輕人頻繁跳槽，做事只有三分鐘熱度，不喜歡了馬上就換，但這就失去了在一個行業裡遇到挫折、戰勝挫折、克服困難的喜悅感。而這種喜悅感其實是把事情做好、做成的必備特質。

我也羨慕這一代年輕人有更多選擇，但仔細想想，真的有那麼多選擇嗎？每個人的試錯成本都很高，一旦選錯，想要重來就很困難了。比如，應屆畢業生的第一份工作如果選錯，就會失去應屆生身分帶來的優勢。

傳統時代，有三步法可以說明人們快速做出職業路徑規劃：

1. **興趣盤點法**。列出你喜歡做、能做、做得好的事情，找出交集點，比如你喜歡寫作，做過編輯工作，還寫過爆紅款文章，那文案、編輯類的工作就更適合你。
2. **SWOT分析法**。分析你的優勢（比如寫作能力強）、劣勢（比如經驗不足）、機會（比如自媒體行業火熱）、威脅（比如競爭者多），為你的選擇提供依據。
3. **職業探索工具**。使用職業測試工具，如霍蘭德職業興趣測試或MBTI，初步定位適合自己的領域。結合這些方法，你的選擇會更具邏輯性和方向感。

但在新時代，變化來得太快了，應該如何做好選擇呢？

第一，選大城市。

我曾在一次高三畢業典禮上向學生和家長們做過分享：在選擇專業、學校、城市時，最重要的是城市。城市決定了資源和孩子的眼界，而這些在未來是極為珍貴的。因為未來的知識都可以透過人工智慧獲取，更需要通才而非單一專長型教育。

如果只專注某一領域，一旦被人工智慧替代，還需要透過其他專業來彌補這項專長。

第二，選大公司。

我的第一份工作是在新東方當老師，我非常感謝自己選擇了新東方而不是一些小公司。大公司的薪酬並不一定比小公司高，選擇大公司的主要原因是在裡面你會有更大的發展潛力。新東方被稱為創業圈的「黃埔軍校」，培養出無數優秀人才。這些人在各個行業都能憑藉自己的表達能力、寫作能力、表現能力以及創新能力做得非常出色。更重要的是，在大公司裡，即使沒有很快升職，你也能接觸到更優秀的人。

我也很感謝新東方，在新東方工作的第三年，我就趕上了教育行業的一波大變革。剛開始的時候，看著這個新事物就像看著天上的月亮，明明覺得特別美好，卻不知道怎麼才能搆得著。還好有人帶我，要不是在新東方，我可能就跟這個機會擦肩而過了。現在想想，能得到這些機會，也是因為經常跟他們交流學習，慢慢地就會被看見、被信任。所以，選擇大公司更重要的是選擇身邊的圈子和人脈，它是在為你的第二份職業做準備。很多人在30歲後決定創業，找的合夥人往往是在大公司共事過的同事。因為有共同的價值觀和工作習慣，他們更容易一起開創事業，為未來鋪路。

比如阿里巴巴內部被稱為「阿里系」，不僅培養了大量優秀人才，還間接推動了「阿里生態圈」的創業潮流。

第三，選新的路。

這是我給很多人的建議，也是選擇工作的核心。美國心理學家史考特·派克寫過一本書，出版於1978年，叫《少有人走的路》。書裡說，一個自律和心智成熟的人，一定會走一條少有人走的路，因為他需要勇氣、毅力和不斷反思的精神。可惜的是，這種精神越來越少見。我之所以講這個，是因為現在很多年輕人在選擇工作時容易不自覺地跟風。在當前背景下，**與其擠在一條人滿為患的路上，不如勇敢地探索一些新的可能性，開拓屬於自己的成長之路。**

我再來舉一個例子。在疫情最嚴重的時候，有位朋友問我要不要去英國留學。她申請了一所很好的學校，但雅思只有6分。當時我建議她可以試試，原因有三：一、她的成績本來就申請不到那麼好的學校；二、當時由於疫情影響，很多學生選擇留在國內繼續學業，所以那所學校招到的留學生應該會減少。她可以反其道而行之，說不定能有機會；三、我提醒她要注意安全，多戴口罩。果然，一個月後她被愛丁堡大學（QS世界大學排名前30）錄取了——儘管雅思只有

6分，GPA[3]成績一般。這個女生後來留在了英國，這個決定幫助她從眾多競爭者中脫穎而出。

在未來5～10年，有幾個新興行業將迅速崛起：

- **人工智慧（AI）：** AI提示工程師、AI開發人員、AI資料標註專家等。
- **數位經濟：** 數位資產管理師、元宇宙專案策劃等。
- **綠色能源：** 碳排放管理師、可持續發展諮詢顧問等。
- **自媒體和短視頻領域：** 內容創作者、品牌IP打造師、直播策劃專家等。

選一條有潛力但少有人走的路，抓住時代的紅利，能夠讓你快速脫穎而出。

第四，千萬不要選擇太累的工作。

如果你想變得有錢，記住不要選太累的工作。無論老闆給你畫多大的餅，如果這份工作已經讓你失眠、掉頭髮，甚至身體每況愈下，就一定要及時止損。

任何無法讓你積蓄勢能的工作都不要做，任何讓你貶值和消耗的工作也不要做。

什麼是你自己的勢能？就是你擅長的、喜歡的、熱愛的，最重要的是它屬於你。我之所以這麼多年堅持寫作，是因為我知道我寫下的每一個字都是我的智慧財產權。只要出版了，被更多人看到了，即使到了100歲，甚至去世之後幾十年，它依然是我的個人產權。

你看，我又把話題拉回「熱愛」這兩個字了。你的熱愛可以是任何東西——寫作、畫畫、唱歌、寫程式，都可能變成你的數位資產。未來的數位資產將是每個人必須佈局的，哪怕你熱愛打遊戲。一個熱愛打遊戲的人可以把自己練到電競選手的水準，而透過電競實現財富自由的人已經多不勝數。

我特別喜歡《富爸爸窮爸爸》的作者羅勃特．清崎寫過的一句刻薄但對我很有啟發的話：「每天忙於工作的人是沒時間賺錢的。」的確如此，因為這樣的人從未想過財富是對個人意志的褒獎。一個人必須有自己的事業才能真正賺到錢。

這些年，我也見過很多沒有固定工作但賺到錢的人，並不是因為他們更聰明，而是因為他們懂得讓自己成為優質的生產資料，給自己打工。這就解釋了為什麼那些在家做自媒體的人能做得很好，因為他們為自己負責，所以賺到了錢。

③ 平均學分績點，是用來評估學生學業表現的量化指標。

第五，最後一個選擇，也是我強烈推薦的：模仿。

過去我們說「摸著石頭過河」，但在未來，絕對不要摸石頭，而是要踩著成功者的腳步，一路朝前。如果你實在迷茫，不妨找一個標的物，找一個想模仿的對象。比如，你可以模仿我，把我的書都看一遍，把我的公開演講影片都看一遍，我做什麼你就做什麼。模仿那些優秀的人，學習他們的方法、模式和行銷方式。很快，你會透過學習他們的方法和模式，變成一座「小型的塔」。

等到積累了一定的粉絲量、勢能、資源和金錢後，你就可以開始做真正的自己了。在模仿過程中，你會自然而然地融入屬於自己的東西，形成獨特的模式——生活模式、成長模式、商業模式。透過這種方式不斷更新反覆運算，你就能成為一個與眾不同的自己。

我的好朋友古典有一個論壇叫作「做自己論壇」。每次給他站完台，一起喝酒的時候，我都會開玩笑地說：「做自己是個偽命題。一個普通人如果想在這個時代更快地發展，最應該做的是先做別人。」只有在模仿別人的過程中，才能慢慢發現自己。單純做自己可能會讓自己變得很幼稚，只有在做別人的過程中，才能逐漸發現自己的獨特性。自己加別人，才能成為更好的自己。

再說回《富爸爸窮爸爸》這本書，我至少讀了五遍，它在我年輕時給了我巨大的能量。我還記得書中有一句話：「普通人要擺脫的兩大陷阱，第一是欲望，第二是恐懼。」

這些都會影響你的選擇。所以在畢業後第一次做選擇時，請務必克服自己的欲望，戰勝恐懼，踏踏實實地進行分析，找到自己擅長的領域。

最後，我也給每一個剛進入社會的朋友三個職業規劃的關鍵字：第一個是能力，第二個是環境，第三個是機會。請緊緊抓住這三個詞來做選擇。

分析一下你有什麼樣的能力——口才、寫作、程式設計、專業技能等，然後分析自己喜歡的環境，比如：喜歡安靜地待在電腦旁，不願意跟人交流；或許你想離家近點，或者你想去城市中心。再看看這個時代的趨勢和機會：短影片、知識付費、電商、人工智慧，把這些結合起來，或許就能找到最適合你的選擇。

這裡給你一個做職業選擇的行動指南：

第一步：興趣測試與盤點。完成霍蘭德職業興趣測試，寫下三個你最熱愛的方向。

第二步：鎖定三個目標城市與公司。分析這些城市的就業機會、大公司分佈以及行業發展情況。

第三步：學習與積累。掌握一門未來必備技能，如程式設計、短影音、AI 工具使用等，為你的職業道路增加籌碼。

第四步：尋找模仿對象。找到一個你欣賞的行業大咖，模仿他的職業路徑和成長方法。

第五步：實踐與調整。做好職業規劃，同時保持開放的心態，適時根據行業變化和個人成長調整方向。

總之，要勇於開闢新的道路。選擇的本質是「做」而不是「想」。不要害怕邁出第一步，因為任何選擇都能讓你有所收穫。只有持續行動，才能讓你無法被替代，成為這個時代真正的強者。

現在，輪到你邁出第一步了。

能賺錢的人都在這樣想

會賺錢的人都有什麼樣的特性？我採訪了身邊一些靠自己賺到大錢的人，總結了他們身上的八個特徵，也是富人思維的八個底層邏輯。

在這一節中，我毫無保留地分享給你。

第一，渴望外露。

會賺錢的人從不掩飾對錢的欲望，甚至會把欲望掛在臉上。因為他們認為，喜歡錢這件事沒有問題，越讓人知道自己喜歡錢，越能夠得到錢。最怕的就是你不讓人知道，自己默默地想發財——沒有人會帶著你。

我曾經跟一個投資人聊天時，問了這樣一個問題：「你們投天使輪、A輪大概都投人，那什麼樣的人會讓你們二話不說就投資？」他說：「看起來有錢味的人。」後來我才明白，所謂有錢味的人，就是那種身上每一根汗毛都透露出想賣點什麼、想做點生意、想做事的人。

現在有一波反資本的浪潮，很多年輕人特別反對資本，甚至認為企業家都是壞的，都是在敲詐員工。一旦這種反資本的態度外露，資本就會離你越來越遠。尤其當你加了別人LINE，對方看了一眼你的朋友圈，發現全是罵資本的內容，可能不會說什麼，但一定會對你敬而遠之，你就失去了機會。

後來這位投資人告訴我，那些「錢味」十足的人還有一個特點，就是讓人感覺非常舒服。無論什麼人在他們身邊，他們都能考慮得面面俱到。這樣的人賺錢是理所當然的，因為大家在他們身邊感到安全和自在，金錢和財富也更容易圍繞在他們身邊。

第二，懂商業。

很多人都不懂商業。商業的本質其實只有一個——低買高賣。你可以每天琢磨自己到底在賣什麼，或者未來想賣什麼。賣東西一點也不丟人。那些覺得賣東西丟人的人，通常是因為自己不會賣東西，或者從未成功賣過東西。人們並不會瞧不起一個賣東西的人，瞧不起的是那些沒錢卻還特別自豪的人。

很多有錢人從小就會培養孩子賣東西的能力。比如，讓孩子畫一幅畫然後在社區裡賣，或是把不需要的玩具擺攤賣掉。重要的不是賺多少錢，而是讓孩子找到賣東西的感覺。

這就是商業的本質。

第三，量化時間。

如果你還處於打工階段，不妨算一下自己的一個小時值多少錢。人最寶貴的其實就是時間，雖然當前可能出於個人或家庭原因不得不出賣時間。瞭解自己時間的單價，隨著能力提升，你的時間會越來越值錢。直到某天，雇主無法負擔你的時間時，你就需要開始雇用自己。

當你積累了足夠的資本，就可以去購買他人的時間。

金錢流向的本質在於你如何看待自己的時間。你的時間是自己的，千萬不要廉價賣給任何人。如果你目前正在廉價出賣自己的時間，就為自己樹立一個目標：未來不再讓任何人廉價地利用你的時間。

第四，和優秀的人交朋友。

多和那些正當的、愛搞錢的人交朋友。我們常說這個人很牛，就是因為他的思想有深度，懂得如何正當地賺錢，懂得如何為社會創造價值。

不要與品行不端的人成為朋友。我說一句可能得罪你的話：如果你和品行不端的人在一起感覺特別舒服，那說明你的道德標準可能已經不知不覺地與他們趨同了。

我們交朋友的底層邏輯是：我們只能與相似的人相處融洽。品行不端的人與同類相處就是舒服，因為他們可以一起吐槽別人、詆毀別人。優秀的人與優秀的人相處也很舒服，他們討論的是如何創業、如何成長、如何變得更好。但優秀的人與品行不端的人相處會很痛苦，反之亦然，因為不屬於同一個世界。

所以，想要變優秀，最好的方法就是學習優秀者，成為優秀者，最終超越他們。

第五，堅持做正確的事。

什麼是正確的事？只要你能獲得收益，就繼續堅持做下去。與那些錯誤的人、事、關係和想法斷捨離。只要這些人或事在消耗你的資源，就應該遠離。

我特別想分享一個我的故事。有一段時間我想轉行做編劇，因為我覺得編劇費可能是一筆不小的收入。但在編劇圈摸索了很長時間後，我發現這條路大概走不通。第一，我確實不擅長寫劇本；第二，導演和製片人選擇我的機會很小，因為我沒有成名作品。我參加了很多飯局，浪費了大量時間，才意識到這條路走不通。

所以，我回歸了我的文學理想，每年寫一本書，直到今天我依然筆耕不輟，找到了正確的方向。

順便提一句，人真的有吸引力法則。你越相信什麼，就越能吸引什麼。比如有段時間，我每天參加飯局，所有人都認為我是「飯局達人」，於是更多飯局找上門來，繼續浪費我的時間和精力，消耗我的資源。我最擅長的東西被擱置了，三天打魚兩天曬網，最後那項賺錢的技能也會離我遠去。

後來，我來到加拿大之後，開始日更視頻號，不給自己任何藉口。不到幾個月，就有了起色。到今天，我依然在持續輸出，持續表達自己。

第六，思維（或思想）要活躍。

我一直強調，法律禁止的事不要做，沒有禁止的都可以試試。所有強者都有一個共同點，就是思維活躍，不按常理出牌。一般來說，所有人都在做的，你儘量別做；沒人做的，你可以考慮試試。當然，法律禁止的事千萬不要觸碰，不要在法律的邊緣上遊走。

所謂不按常理出牌，背後的邏輯是：成功是少數人的事，財富掌握在少數人手中，他們瘋狂學習，為了結果服務。

第七，執行力強。

可能你看完這一節後，馬上去執行了；而很多人看了之後，卻無所作為。人和人的差距就是這麼來的。想到就去做，正確就抓緊時間推進，錯誤就及時調整。很多時候，機會就是在猶豫中失去的。

普通人總在準備，而強者已經開始行動。很多人總抱怨條件不完善，缺乏資源，但高手都是先邁出第一步，在實踐中尋找答案。大多數情況下，他們的條件並不完備，但他們選擇先行動，在實戰中尋找答案。

第八，先定目標，再找資源。

成功的邏輯不是先看有什麼資源再決定做什麼，而是先確定目標，然後尋找資源。

為了實現目標，沒錢找錢，沒方向找方向，沒人就找人。跟任何人都能合作，跟任何人都能聊。有了目標，拆分成小目標，逐步推進，再回到第七條，持續執行，提升執行力。

這就是富人思維的八條底層邏輯。

選擇副業的標準

對很多人來說，副業是最容易被誤解的概念之一。很多人一心想發展副業，卻不僅賺不到錢，反而在工作之外的時間把自己弄得焦躁不堪。帶著這種心態做副業的人，往往堅持幾天或幾個月後發現賺不到錢就放棄了，最後還是該玩遊戲玩遊戲，該看劇看劇。這樣的案例實在太多。

因此，我想和大家聊聊什麼才是真正有價值的「副業」。

毫無疑問，在副業方面，我確實拿到了一些成果。主業上，我最初是新東方老師，後來自己創辦了飛馳學院，又聯合創辦了考蟲網，現在在加拿大擁有兩家專注於人工智慧的公司。儘管如此，很多人只知道我是作家，不知道我還是企業家。透過自身經歷，我想告訴大家，未來主、副業的界限會越來越模糊，普通人也可以利用業餘時間賺到錢。

所以，這一節我想和大家分享普通人如何利用業餘時間去賺錢。

現在網路上教人搞副業的人太多了，很多還收費，比如教寫小紅書、寫小說、學剪輯等看似提供了副業發展途徑，實際上人們交了學費後並不能獲得任何東西。這是網路時代最大的騙局，你以為在為未來投資，實際卻成了他人的韭菜。

我的一個朋友看了我的文章後決定發展副業，開始開Uber。堅持了兩個月，發現賺的還不夠油錢就放棄了。他問我是不是自己不夠堅持，我笑著說，如果堅持三個月或半年，浪費的反而更多，因為在沒有任何進步的前提下，虛度了大把光陰。

為什麼很多人的副業大都以失敗告終？原因很簡單，因為根本沒有注意到副業背後的核心邏輯。**副業的核心邏輯不是付費，而是熱愛。**

那些要你付費學習的副業，80%都是坑。比如常見的剪輯師、配音、做PPT、寫作投稿，如果你沒有自己的產品、圈子和流量，沒有一呼百應的影響力，結果必然是無人問津。

我遇到過一位教配音的老師，他所在的平台喜歡大量投放廣告。原因是投放成本低，一塊錢就能聽到學配音的課程。但學費只是一小部分，器材費才是他們真正賺錢的。即便不買他們的器材，在喜馬拉雅這樣的平台也有一定的平台費。你看，一關一關都等著你。

現在很多副業，比如插畫師、打字員等，完全可以用AI替代。所以，請不要學這些亂七八糟的副業，尤其警惕那些收費項目。

在繼續閱讀之前，你不妨先合上書思考兩個問題：第一，除了工作之外，你有什麼技能可以變成副業？第二，你真正熱愛什麼？

請注意，第二個問題尤為重要。既然主業都沒能做自己喜歡的事，為什麼不在副業中嘗試呢？

接下來，我會分享四點重要建議，如果你參透了這些內容，可能會顛覆你對副業的認知。

第一，騎驢找馬，但不要虐待胯下的那頭驢。

很多人主業都應付不來，做得焦頭爛額，還想著發展副業，結果可能連主業都保不住。發展副業的前提，是你的主業能確保基本生活。比如我在新東方教書時，雖然隨著學生每個月人數的多少而波動，但至少能維持生活。因此，我能在下班後投入大量時間研究寫作，嘗試不同的寫作方式。

我沒有報班學習，而是邊學邊實踐，快速投入實戰。現在太多人容易在開始前就自我否定，結果離目標越來越遠。曾有朋友想做視頻號，讓我給些建議。我熱情地與他們溝通開會，但他們從第一天就開始找各種藉口，說不擅長表達、不願露面等。開了八天會，最後得出要做視頻號的結論，到今天也沒有人做出來。

所以，要做副業，不要過分聽從他人意見，要邊走邊看，先把當下的事做好，再決定未來的方向。

第二，把副業當成主業，認真對待。

未來主、副業的界限可能會越來越模糊。舉個例子：山西省陽泉市一家電力公司有位電廠電腦工程師，主業是負責電廠的電腦系統維護，副業是寫作。這個人就是劉慈欣，他寫了《三體》。很多作家的副業都比主業更出色，我總結過那些把副業做得很好的人的特點，關鍵就是對待副業要像對待主業一樣，要認真，要熱愛。就拿我來說，我每天都堅持寫作，每天早上雷打不動寫兩千字左右。為什麼很多人寫小說賺不到錢？因為他們只是隨意寫，想寫什麼就寫什麼，甚至很多人並不熱愛寫小說，只是聽說能賺錢才去寫。結果就是拼拼湊湊，一個月賺幾十塊錢。

因此，你首先要明確自己具備哪些技能，喜歡做什麼事情。既然主業都不夠喜歡，為什麼不在副業中選擇自己熱愛的呢？

比如擅長Excel、Word的人可以提供文檔整理服務；熱愛寵物的人可以開展寵物上門餵養服務。我有位朋友就從事這項副業，他本身就很喜歡貓狗。當年輕人出遊、度假或出差時，往往無法帶著寵物，而身邊的朋友可能對貓毛過敏或不願養狗，這時上門餵養服務就很有市場。他們每天能賺取幾百元，有些甚至可以把貓接到自己家中照料，既能享受擼貓的樂趣又能賺錢，這不失為一個理想的副業。

你還可以透過吵架代理、遊戲陪練或代練等方式賺錢。這些項目雖然聽起來不太尋常，但也有人能拿到可觀的收入。

如果你是個很社恐的人，不願意跟任何人交流，也可以嘗試做自媒體。你可能會問，做自媒體是不是需要露臉？不需要。你可以戴上面具或頭套。很多自媒體博主都是這麼做的，不露臉，只出聲音也能製作出優質視頻內容，獲得大量關注。

所以，我跟你分享的第二條是：要把副業當主業，認真對待。既然主業已經佔用了每天8～10小時，為什麼不能在下班後的這段時間做點自己喜歡的事呢？

我開始寫作之前，發現每天上班、創業很痛苦，於是寫小說和寫文章便成了救命稻草。我開始精進寫作，有時候一邊看電影一邊寫作，有時一邊聽歌一邊寫作。我漸漸明白，既然決定把這件事當成副業，就要特別用心，甚至有時特別開心地完成這件事。

第三，副業的本質：悅己利他。

過去很長一段時間，都有人問我直播帶貨的竅門是什麼。你們在網上無論花多少錢，聽到的答案都只有一個：賺錢、賺取佣金。但經驗表明，在直播帶貨時，越是刻意推銷，觀眾越不願購買，因為他們能感受到你只想賺他們的錢。相反，如果能自然地表達，舒適地分享想法，順帶推薦產品，反而更容易成交。

副業的本質不是瘋狂賺錢，而是做自己喜歡的事，並讓他人看到。當你把熱愛的事做到極致，收入自然隨之而來。

在成長過程中，賺錢只是附帶，自我實現才是終極目標。

我們常說，所謂成長，是在你完成一件事時產生心流，讓你分泌大量的內啡肽，順便掙到錢。你要去表達你想表達的東西，而不是一味追逐金錢。記住：總盯著錢，錢反而會跑；專注於把事做成，錢自然而來。

第四，擁抱網路。

請你記住這句話，所有線上下能做的事情都可以透過網路再做一次。任何技能放到網路上都能獲得新的發展。

我分享一個真實的故事：一位50歲出頭的阿姨曾經在湖北工廠工作，年紀大了以後回家鄉了。在一次家庭聚會中，她詢問適合自己的工作機會。考慮到她有一段烹飪的經歷，尤其是對製作糕點有熱情。我建議她將這份熱愛做成視頻，堅持做一年。不久前，這位阿姨告訴我，她因為聽了我的建議，已經製作了150個視頻，擁有了超過1.2萬的粉絲。現在她已經可以透過直播賣糕點的原料和工具。最重要的是，她開了收費的烹飪課，這是個真實的故事。

我想起自己剛進入寫作領域時也是一無所有，但我有個習慣，每天堅持寫作。我現在除了堅持寫作，還把更多的創作變成了短視頻、公眾號文章和小紅書短文。這得益於我把個人技能與網路結合，擴大了個人影響力。如果你喜歡我的文字，大概不是透過書直接看到我的，而是透過網上的某段話看到的。現在是網路時代。既然這個時代已經到來，請你把自己的熱愛放到網上。

我還要告訴你發展副業時要避開的幾個大坑，其中之一也是最重要的三個字：別跟風。以下幾個行業我強烈建議你不要進入。

- **女裝行業：**我相信你可能花過很多時間去研究女裝，甚至會設計，但女裝行業風險很大。它需要大量庫存，且退貨率極高，買家常常試穿後就退回。
- **酒吧、花店、書店等小資產業：**這些產業請勿輕易投入，這些行業作為副業很難維持，因為即便作為主業都未必能維持收支平衡。
- **嬰幼兒用品店：**雖然聽起來這好像是一個註定要花錢的行業，但還是那句話：跟隨趨勢。現在很多人都選擇晚婚、晚孕，未來生育率可能持續下降，開嬰幼兒用品店很有可能會虧錢。

那麼，普通人能做什麼？還是那句話，擁抱你的熱愛，把它做好，就是副業最好的出路。

宇宙的盡頭都是銷售

為什麼現在很多年輕人努力工作卻賺不到足夠多的錢？這是一個極其殘酷的問題。我查閱了很多資料，想透過這一節和你分享在下行時代如何選擇有上升空間的職業。

答案只有一個：離錢近點。

讓我先掏心挖肺地跟你分享一個職場中的概念，叫「工作鏈條」。這個概念很多學校不教，但非常重要。我是在30歲之後開始獨立創業時，才真正理解工作鏈條是什麼。如果你不瞭解這個概念，就不知道如何挑選職業及轉職，更不知道怎樣離錢近點。

我舉自己曾經在新東方講課的例子，來看看工作鏈條是什麼。

當時，新東方屬於教培行業，內部分為五個考試部門，分別是國外考試部、國內考試部、綜合能力部、少兒英語和中學英語。我在國內考試部工作，該部門又分為四六級、考研、專四、專八、考博、大學預科等項目，我工作的項目是四六級。四六級又分成聽、說、讀、寫四個板塊，我教聽力。這個部門還有老師、管理、銷售、運營、督導等崗位，我是其中的老師。

按照這個邏輯梳理，職業鏈條就非常清晰了。你會發現，很多人的工作都只是大機器中非常小的一環，雖然你可能在其他地方也能幫點忙，比如說你除了是老師，還擔任助教。但總的來說，透過梳理工作鏈條，你能清楚地知道自己所處的位置。

瞭解自己的工作鏈條後，關鍵是要找到付費發生的環節。請注意，其他環節都是在提供價值，只有產生付費的位置才是真正離錢近的。鏈條一旦被搭好，提供價值的角色最終都會被人定價。

我在新東方的時候，整個鏈條是公司搭建的，跟我沒什麼關係，所以我必須接受被人定價。那時我雖然透過努力可以逐漸提高收入。但當我釐清自己的鏈條後發現，如果我繼續這樣幹下去，只會讓自己的身體越熬越垮，而我卻並沒有真正接近錢。

那麼，在新東方如何才能離錢近？答案很簡單：賣課。那些能把課程賣出去的人離錢更近。所以在當時的新東方，銷售的工資最高。很多優秀的老師也會參與賣課，走到線下宣講，一直延續到網路時代到來，老師都要上直播間賣課，就是因為這樣離錢更近。

請恕我直言，宇宙的盡頭都是銷售，每個人在這個世界上都必須學會這項技能。同樣離錢近的還有這些行業：直播電商、外貿、人工智慧等，這些本質上都是銷售。

每次我在直播間賣課，總有人在評論區說：「一個作家在這兒賣東西？」看到這樣的評論我並不生氣，因為我深知銷售是致富的核心。普通人一無所有時，去賣東西，去當銷售，這是離錢最近的方式。

但如果你鄙視商人，鄙視銷售，錢就很難進入你的口袋裡，所以請別覺得銷售丟人。

如果你有孩子，應該儘早培養他們的經商理念，早早讓他們學會怎麼把東西賣出去。我在加拿大留學的很長一段時間裡，經常看到一些優秀的家長鼓勵孩子售賣自己創作的畫；還讓男孩子幫人除草賺取20元左右的零用錢。做這些不單純是為了讓孩子賺小錢，而是讓孩子體會賺錢的感覺。其實，不管什麼職業，本質上都是在用個人的時間、才華、能力等創造價值。

請你務必離錢近一些，這是我掏心挖肺的經驗，也是我想給每一個年輕朋友的建議。

幾年前，中信出版社出版了一本書叫《毫無意義的工作》，我看過英文版，英文版可直譯為《狗屁工作》，我覺得這個翻譯更加貼切。在這本書中，作者大衛・格雷伯把

「狗屁工作」分成兩種：第一種是分配，第二種是創造。我們一直覺得創造很好，但實際上分配更重要，因為分配就是離錢近，創造的所有錢最終都流向了分配環節。很多人之所以受不了打工，是因為打工就是創造價值之後讓別人分配。而選擇創業，就是為了自己給自己分配。

我常常在深夜看到外送員和計程車司機凌晨還在辛苦奔波，我心裡很難過。但現實就是如此殘酷，儘管他們已經這麼辛苦了，但還是沒能賺到足夠多的錢。

讓我跟你分享一次我的投資經歷。我有個朋友創業，募集了很多資金想做私募基金。他最先找到一些機構並委託他們去投錢。然後找到一些大佬，這些大佬看到他人不錯，也給他投錢。我是最後被他找到的，他說：「尚龍，我給你一個機會，你想不想進來？年化收益率有8%。」我和我姊加起來投了很多錢，但我們投的這些錢，對整檔基金來說塞牙縫都不夠。

後來出了些問題，我著急地找到這個朋友，他說得等等，因為這筆錢他說了不算，還有其他幾個合夥人，錢被卡到了北京周邊的房市，手頭上沒有更多資金，所以房子無法完工。我當時想，完了。

後來我不停地找他，但結果都不盡如人意。直到今天我都沒拿到錢。但我知道，最先給他投資的機構拿到錢了，他的合夥人也分到錢了，只有我們這些散戶至今都沒拿到錢，很簡單，因為我們離錢太遠了。等他們把整個鏈條搭完後我們才進去，我們被人定價了。

這件事給了我非常深刻的啟示。現在，我跟任何人談合作，都會先問回款的週期和方式：是我結給你還是你結給我？如果你結給我，我必須有足夠的信任；但如果我結給你，這事就好談了，因為我站在了結款的上游。

所以我也鼓勵大家有機會多學一學金融相關的知識。我相信很多人都知道賺錢的邏輯，但分錢其實更需要學問。金融並不難，它就是分配的工具。為什麼金融行業賺錢？為什麼很多富二代父母不讓自己的孩子去學製造業、學手藝，而是讓他們去學金融？本質上也是為了離錢近，更能理解分配。如果你現在工作比較穩定，又有精力，我強烈建議你去學金融或者攻讀MBA繼續深造，這不僅僅是為了學習專業知識，更重要的是理解資本運作的本質，離錢更近。

這句話請你記住：「崗位排第一」。我的一位銷售朋友，原來在一家教育機構賣課，他什麼都能賣，甚至有段時間傳出，如果一個市場業務不好，派他去就能把課賣出去。在那家教育機構倒掉之後，這位朋友迷茫了很長一段時間，覺得自己活不下去了。最迷茫的時候他跑來找我，他說：「龍哥，我雖然老找你吃飯聊天，但其實並不想從你這兒得到答案，因為我知道憑我的口才，哪怕有一天我被裁掉了，去賣房子也餓不死。」

當然，後來他並沒有去賣房子，而是去賣成人英語課了，賣得特別好。他們公司一年的銷售額至少一億，全靠他在直播間裡吆喝。

你看，藝多不壓身。在一家公司裡，當你做的是離錢近的職位，就算你離開這家公司，這些技能也能幫你度過難關。

換句話說，有些職位你幹得越好反而越容易「餓死」。因為這些工作雖然看起來不用扛KPI、衝業績，但重複性太強，很容易就會「害死」你。因為這些工作的發展空間太小，調薪空間有限。

你想想看，假設公司現在進帳100萬元，作為老闆你會怎麼分？通常誰把這錢賺來的，你就會先分給誰。底層邏輯也很簡單，你期待他下次繼續幫你賺錢，所以必須給他分紅。分錢的邏輯也是如此，只要這個人未來還能繼續創造價值，你一定會繼續分配。讓他看到紅利，瞭解賺錢的邏輯，體會到分到錢的喜悅。

所以，如果你理解了這個邏輯，為什麼不做離錢更近的工作呢？離錢近的人才有分配權。

我再給大家講一個賺錢的秘密——就一個字：賣。你腦子裡必須有這樣的邏輯：怎麼把東西賣出去？我在本節結尾會跟你分享三個非常重要的賣東西的邏輯。在此之前，我想跟你說一句很重要的話：**「注意力流向的地方，就是金錢流向的地方。」**這條請你務必記住。選行業該怎麼選？選注意力流向的地方。

在2023年，我決定變賣資產去多倫多大學讀人工智慧。我之所以要這麼做，是因為我知道人工智慧在接下來很長一段時間內不僅是方向，更是趨勢。我常說不要盯著趨勢，因為趨勢很難抓，你不知道它什麼時候消失。你見過人在風口上飛，但你沒見過摔死的那些人。而趨勢不同，趨勢能持續5年、10年。我之所以去學人工智慧，是因為我確定它是趨勢。這就是為什麼我學人工智慧之後，公司業務也好了，個人的狀態也提升了，最重要的是我們也賺到了錢。

很多人說你學人工智慧是因為你懂，那我不懂怎麼辦？很簡單——學習。最怕的是你不懂，還理直氣壯地問不懂該怎麼辦。你去學，去自學，想辦法找資源學，想辦法全心投入去學。明明知道它是注意力所在，為什麼不學呢？

2019年時，我跟身邊的朋友講說直播帶貨的時代到了。那時入場其實已經晚了，但我知道這股趨勢會持續很久。身邊的幾個朋友和公司同事都說不懂。我建議他們可以去學習，我直接飛到杭州跟一個電商團隊學了三天。每天不停地請教，甚至到他們直播間觀摩帶貨過程。

那三天，我真真切切地被震撼了。回到北京，我拉著團隊進行了第一場直播，那天直播間裡有200人，都是我從各地拉來的。我播了整整4個小時，雖然GMV（商品交易總額）不高，但我明白了直播的邏輯。

後來我因為太累了沒能堅持下去。但這件事告訴我一個道理：最怕的就是你又窮又不願學習。之後我們公司的一位團隊負責人去了另一家公司負責直播。這家公司的直播業績一直都很好，到今天還在持續。這位朋友每次見面都會感謝我說的那句話：「注意力流向的地方，就是金錢流向的地方。」

所以，接下來幾年，以下四個趨勢請你務必關注。

第一，自媒體。人人都是自媒體的時代已經到來了，越早入場，越有機會。自媒體無非就是這三件事：圈粉、內容表達和賣東西。

第二，銀髮經濟，也就是養老。這將是接下來幾年非常賺錢的賽道。

第三，單身經濟。為什麼現在這麼多人開始養寵物？為什麼人們越來越重視健身？本質上都是單身經濟在起作用。前段時間突然火起來的寵物殯葬業，表面上讓人不解，實際上也是單身經濟的體現。因為寵物陪伴了主人很長時間，想給牠們更好的歸宿。人最終會趨向孤獨，願意為擺脫孤獨付費，卻又不願意過早步入婚姻的圍城、接受家庭的束縛。所以這條賽道未來必將吸引更多關注。

第四，療癒經濟。過去幾年，很多人都感到身心俱疲，尤其是創業者、被裁員的人、經歷離婚的人、家庭破裂的人……他們都急需療癒。各種瑜伽班、心靈培訓課之所以能賣到幾千塊錢，就是因為存在大量需求。很多人的內心在「流血」，卻不知如何自救。這條賽道未來必將吸引大量關注。

最後，給大家分享一個讓自己離錢更近的方法論。我把這三條放到這一節的結尾。你必須做到以下三條：

第一，做商品或者成為商品。就像我，現在不僅是個人，已經是個商品了。我寫的很多書都可以被視為商品。你要學會把自己商品化，同時最好能擁有其他商品。這樣你賣的就不是體力和時間，而是商品本身。比如說你每天不停地給別人按摩，就算24小時排滿了，你還是在賣時間。但如果你去賣按摩油、按摩器，就能把時間省下來，在別人需要時推薦相應產品。

第二，要建立廣泛的人脈。我寫書時，很多人吐槽我總說「我有一個朋友」，是不是無中生有？他們可能不知道，我真的有意識地去結交大量的優質人脈。當你有了產品，還想把它賣出去，你必須有很多人脈。我見過一些很會做生意的朋友，他們喝個下午茶就能賣出好多東西。原因一是他有自己的產品，也有別人的產品；二是他跟別人交朋友喝茶的時候，總能看到別人的需求，然後告訴他：「你看，我這裡正好有這個東西，你要不要買？要買我給你打個折。需要的話我們做個生意，不需要也沒關係，就當交個朋友。」

第三，直接賣，不要報班學習。很多人在做生意之前非要報班學習，其實完全沒必要。在賣的過程中學習比紙上談兵更有效。賣東西這件事，只有在實踐中不斷提升，才能真正把東西賣出去。很多學習成績不好，但敢於嘗試的朋友，那些你的小學、初中、高中同學，為什麼後來能賺到錢成為大老闆？很簡單，就是因為他們從來不是紙上談兵，不是學好了才去實踐，而是在實踐中倒逼自己學習。

所以當你想賣自己的產品時，不妨先發個朋友圈，註冊自媒體帳號，或告訴身邊的朋友你要賣東西了，甚至可以先從路邊擺攤做起。

不要在意他人眼光，也不要覺得不好意思。還是那句話，注意力流向的地方，就是金錢流向的地方。

年輕人投資什麼最升值

這些年，我發現無論是談創業還是個人成長，都繞不開一個關鍵字：投資。

對年輕人而言，最值得投資的不是房產、股票或理財，而是「投資自己」——時間、知識、健康和社交資本。這也是達利歐在《原則》一書中反覆強調的觀點，總結一下就是：**投資自己的認知、原則和能力，才是長期成長的關鍵**。

隨著年齡增長，你會發現當你把人生準則放到不同事物上時，都可能發生變化。比如當你把準則放到至親身上時，他們會老去、改變、固化，甚至讓你失望，此時你的信念是否會動搖？當你把準則放到金錢上時，金錢會隨經濟週期起伏，你可能因此或狂喜或自卑；當你把準則放到時代上，發展可能突飛猛進，也可能停滯不前。

回首往事，我發現如果能把人生準則建立在那些亙古不變的原則上，你的人生會更穩定、踏實。我很慶幸，父親從小就這樣教導我：「你的人生準則，應該建立在那些永恆不變的真實、善良、美好的人性之上。雖然時代會變，但只要你堅信的這些價值不變，你就不會偏離正確的方向。」

達利歐的財富觀給當代年輕人很多啟發，尤其是想要從事投資的年輕人。許多人可能會想：我又不是做投資的，瞭解這些做什麼？這種想法是錯誤的。即使你是打工者，你也是投資人，因為你在用時間換取薪資。每個人都在進行投資，就像上學，不也是在對未來進行投資嗎？

達利歐的一生非常傳奇，我講幾個他的故事。

20世紀40年代，達利歐出生在一個中產家庭，父親是爵士音樂家，母親是家庭主婦。8歲的時候，他就意識到賺錢對現在和未來都很重要。於是他去高爾夫球場當童工，那時能打高爾夫的都是富人。他不知從哪兒得到的消息，要離這些富人近一些，就一邊給人撿球，一邊聽富人談話。年幼的達利歐被富人的談話深深吸引，因為富人們在聊一個他完全沒聽懂的話題——股票。

在20世紀50年代，富人們把賺的錢用來買股票，而他的同齡人和父母則把錢用於補貼家用。這是他人生中的第一次投資，他決定拿出所有賺的錢去買股票，看著股票從每股3美元漲到5美元，給了他極大的自信。

這是我想告訴你的第一個投資準則，一定要離那些富人近一些。

20世紀70年代，達利歐考入哈佛大學商學院，畢業後進入華爾街工作。雖然年輕，但他意識到自己不適合傳統的金融工作，想按照自己的方式投資，於是在1975年決定離開穩定的工作，創立了橋水基金，如今發展成了「全球頭號避險基金」。

那年他26歲，就深刻地意識到打工無法實現財富自由，因為當你開始打工，看似沒有投資，但實際上投資了最重要的東西——時間。打工看似穩定，但本質上是把時間低價賣給別人。對年輕人來說，時間是最寶貴的資本，也是一個人的生產材料。沒有人會把自己的生產材料直接放到市場上出售，應該把生產材料轉化為生產力出售。所以與其給別人打工，不如自己創業。

真正懂得投資時間的人，會想方設法讓自己的時間升值，你可以這麼做：

- **設定目標：**每年給自己定一個「時間增值」目標，比如從時薪50元到時薪500元。
- **高效利用時間：**避免碎片化的低效娛樂，把時間投入閱讀、學習和實踐中。
- **優化時間產出：**透過學習新技能、接觸新領域，讓你的時間擁有更高的市場價值。

  達利歐還說：「財富是對認知的褒獎。」所以年輕人最好的投資，就是提升自己的認知資本，怎麼提升？

- **多讀書：**讀那些能改變你思維的書，比如《原則》

《富爸爸窮爸爸》，每年精讀10本對你有幫助的書籍。

- **學一門新技能：**比如程式設計、短影音、人工智慧工具使用等，未來這些技能會成為你的競爭力。
- **主動見優秀的人：**參加專業論壇、讀書會、社群，接觸頂尖思維，讓自己的認知不斷升級。

我之所以喜歡達利歐，是因為他的人生並不是一帆風順的。橋水基金成立之初，達利歐的管理風格極其獨特，年輕的時候，一個人總會為自己的自信，甚至是過度自信買單。他在1982年公開預測全球經濟即將進入嚴重的衰退期，並帶領團隊調整了公司的投資策略。然而，1982年經濟剛開始復甦，他的預測大錯特錯，公司遭受巨大損失，幾乎失去所有客戶。達利歐甚至需要借錢來維持家用。

這次打擊讓他意識到不能把自己的準則強加於人，因為自己的判斷一旦出現失誤，可能造成毀滅性的打擊。

他開始深入研究經濟規律，試圖從歷史中找到應對未來的方法。也就是在那時，他提出了「原則」的投資概念，將自己在投資和生活中學到的教訓總結成一套方法論，寫入《原則》這本書，同時把這些亙古不變的原則應用到公司管理和人生中。

在2008年全球金融危機期間，達利歐的對沖策略讓橋水基金逆勢獲利，公司一躍成為全球最大的避險基金之一。也就是這段時間，達利歐的財富迅速累積，他被公認為全球頂尖投資者之一。當他的財富累積到一定程度後，他開始系統化地整理自己的理念，並出版了《原則》這本書。

這也是我想告訴你的重點：一切都會變，但只要你把你的人生準則和投資準則建立在原則之上，它就是不會變的。

我幾乎翻閱了達利歐所有的文字和演講，終於找到了他在一次演講中給年輕人的三條投資建議。我會結合自己的思考，在這一節裡跟你分享，未來幾年中，年輕人應該投資什麼。

達利歐給年輕人的第一條建議就是，不要持有太多現金。

達利歐強調，現金不是很好的投資方式，因為它的價值會隨著通貨膨脹而下降。他建議把資金投入多元化的組合中。他說儘管現金看似安全，但長期會因通貨膨脹而貶值，購買力會逐漸下降，因此持有現金不能為投資者提供理想的回報。

達利歐建議年輕人應該把資金投入能夠產生更高回報的資產中，比如股票、債券、房地產。這種投資方式不僅可以抵抗通貨膨脹，還能實現財富的長期增值，總之要讓錢流動起來。

不過，不同國家的金融市場發展階段不一樣，投資環境也不一樣，所以不能簡單照搬國外的經驗。對於剛開始積累財富的年輕人來說，最重要的是建立正確的理財觀念和風險意識。在經濟環境存在不確定性的情況下，保持適度的現金儲備顯得尤為重要。特別是當個人資金量有限時，建議優先考慮流動性較好的理財方式，避免將全部資金投入週期較長、流動性受限的產品中。請務必記住，經濟下行時代，現金為王，資產的流動性為王，任何要求你投資一兩年不能動用資金的，都屬於流動性不好的投資理財產品。

在年輕時，儲蓄是你的安全墊，理財是你未來發展的助推器，你可以：

- **強制儲蓄：**每月存下20%～30%的收入，養成存錢的好習慣。
- **基礎理財：**資金有限時，不必冒險炒股，合理配置低風險產品，比如黃金、美股基金等。
- **遠離夕陽產業：**避免被舊資源拖累，選擇具有長期發展潛力的新興行業，比如人工智慧、綠色科技、數位經濟等。

第二條建議，分散投資。

達利歐說，分散投資的意思是不要把所有資金放在一個籃子裡，把雞蛋放在不同的籃子裡才不會一次全部損失。可以在不同的資產類別中分散投資，更好地應對市場波動。

達利歐認為，過於集中投資單一資產會使投資者面臨較大風險。一旦這檔股票或其底層邏輯崩塌，可能導致整個財產遭受損失。達利歐特別強調，總資產的20%千萬不要用來投資，那是讓你維持生存的基礎。他建議把資產分散到股票、債券、房地產、商品以及其他各種工具中，而不是集中於單一工具。

很多朋友覺得只要把錢分散到不同的理財產品裡就夠

了。這就像是在一個超市裡買了很多不同品牌的零食，看起來選擇很多，其實風險都是關聯的。要是超市出問題了，再多的零食也保不住啊。

所以我接著他這一條繼續給大家一些投資建議，你一定要放到槓桿的兩邊，比如可以配置一些跟實體經濟相關的資產，再配置一些跟貴金屬相關的保值品種。這些資產往往此消彼長，經濟好的時候，一部分資產上漲；經濟不好的時候，另一部分資產可能會表現更好。

這樣在不同的市場環境下，總能有一部分資產在發揮作用，幫你守住財富。這才是真正的「不把雞蛋放在一個籃子裡」，這對投資者是安全的。

第三，達利歐強調儲蓄至關重要。

達利歐鼓勵年輕人儘早開始儲蓄，並保持持續存錢的習慣，這樣才能應對未來的不確定性。我非常認同他的這條建議。現在的年輕人越來越喜歡模仿西方的月光族和借貸生活方式，但顯然這是不健康的。

很多年輕人下載了各種借貸工具，把自己牢牢綁在還款的最後期限上。我很難想像，每天都承受壓力、為錢發愁的人，如何能爆發出改變世界的創新力和創造力。所以請把你收入的一部分強制性地存起來，形成穩固的資金基礎。這樣在未來經濟不安全或環境不穩定時，能有一定的安全感和財務自由。

我很慶幸在30歲之前存夠了人生中非常重要的一筆

錢——我的留學費用。我在30歲之前確實賺到了一些錢，但和很多年輕人一樣，毫無節制地把它花掉了。我甚至交了一群狐朋狗友，但這些人不會在你經濟窘迫時回到你身邊，相反，他們會一哄而散。但他們不知道的是，我無論賺多少錢都會強行扣下它的20%存到銀行裡，存著不動。

所以我30歲之後敢離職創業，敢放下工作專心讀書，敢重新開始，這都源於年輕時養成的好習慣，給自己存下了一筆錢。

除了達利歐給我們分享的三條投資建議，我再補充五條：

第一，千萬不要投資夕陽產業。

我建議你投資新行業，而不要接手老產業。

原因很簡單，舊有的資源已經分配得差不多了，這種分配體系誰進去誰都是被收割的韭菜，所以要學會對這些資源說不。尋求新資源是極其重要的。

我在海外明顯能感受到，很多人並非為了房子而活，也不是為了孩子而活，更不會逼迫自己過得很淒慘。他們享受著遛狗、種花的生活，租房居住，收入夠用就好。跳出舊資源去尋找新資源，一定要走新的路。

在新的道路上，你能看到還沒有被分配過的新資源。最先進入就最先得到分配權，而且這些資源往往不會被缺乏學習精神的人爭奪，所以你是安全的。

第二，投資什麼都不如投資自己。

投資自己永遠是最值得的。當你沒有太多錢和資產的時候，時間就是你最寶貴的財富。當你發現無論在哪個階層，時間都是最寶貴的這個永恆不變的真理時，你就抓住了核心的原則。即使擁有全世界的財富也買不回逝去的一秒，每個人都只有24小時，由此可見時間才是最珍貴的資產。

把時間投入真正能讓自己升值的地方，要把時間用在認知資本的積累上。比如當你買到一本好書時，可能只花了幾十塊錢，但能幫你少走很多彎路，這就是智力資本的積累。

多讀書、多實踐、多接觸優秀的人，不斷提升自己的認知水準。「你永遠賺不到自己認知以外的錢」這句話，現在看來是多麼正確的一件事。

第三，增加你的社交資本。

所謂社交資本不是你認識的朋友，而是能真正幫助你的朋友圈子。你的社交網絡要建立在有效社交之上。所謂無效社交，就是當你還不夠優秀時，只能給別人按讚，而對方甚至記不起加過你。

我早期寫過一篇文章，是關於遠離無效社交的，現在看來這個觀點無比重要，因為當你還是無名之輩時，沒有人願意與你建立真正的友誼。即使勉強接觸到某位「大咖」，也要花大量時間去維繫關係。但當你足夠優秀的時候，你不需要維繫關係，只要保持優秀和謙遜就足夠了。

社交資本決定了你能走多遠，但社交要「有效」而非無意義，所以你可以：

- **先提升自己：**成為值得別人認識的人，能力才是最好的名片。

- **主動靠近優秀的人：**參加專業社群、行業活動，找到行業內的優秀榜樣。
- **輸出價值：**與其拚命「累積人脈」，不如成為「有用的人」，提供你的技能或資源，贏得他人的信任。

年輕人需要遠離低品質社交，集中精力打造高價值人脈。

第四，考慮時間資本。

假設你現在正處在打工階段，要給自己設定目標，讓時間價值不斷提升。從一小時幾百塊到一小時上千，當你的時間越來越值錢，超出雇主的支付能力時，就可以考慮雇用他人替你工作，從而節省自己的時間。

第五，思考你的金融資本。

我來為你解釋一個錯誤的概念：一個人有多少錢並不取決於銀行裡有多少存款。我媽以前在帶我相親時，總說我銀行存款不多，我反而覺得慶幸，因為這樣可能會篩選掉一些人。直到有位小姐問我：「你能否快速調動大量資金？」雖然我們最終沒能在一起，但這個問題給了我很大啟發。

金融資本不在於存款數量，而在於你調動資金的能力。一個人的財力不是看銀行帳戶餘額，而是看能調動和使用多少資金。這就解釋了為什麼很多CEO個人帳戶餘額可能不多，但因為擁有市場信任和信用背書，能夠調動大量資金。

請注意，這錢並不是他的，但他可以去管理，同樣說明這個人值錢。

賺錢的底層邏輯不是每月固定收入，而是抓住幾次重大機遇實現財富飛躍，這才是賺錢的關鍵。

到了30多歲，我才發現人生並不是有無數的機會，而是僅有幾次關鍵機會。只要你能抓住關鍵的幾次機會，精心佈局，認真策劃，為自己打拚，就能賺到錢了。

當然，在沒有任何機會的時候，打工賺錢也是一種選擇。

請永遠記住：我不希望一輩子都出賣自己的時間，我要為自己打拚一次。以此為目標，繼續努力。

年輕人最大的財富，不是你當下擁有多少錢，而是你如何投資自己，走好每一步。記住：

- **時間**是你的核心資產，別輕易浪費。
- **知識**是你的升值工具，持續學習新技能。
- **健康**是你的底層資本，長期保持身體狀態。
- **社交**是你的助力圈，建立有效人脈。
- **儲蓄與財務規劃**是你的安全墊，讓錢為你工作。

普通人也能佈局數位資產

處在什麼樣的時代，就該做什麼樣的事。

我們現在身處AI新時代，千萬不要重走過去的老路。因為過去的很多觀念已經陳舊，賺錢、成長、成事的邏輯也過時了，它們不應該成為現在的世界觀和價值觀。重複走老路，永遠無法到達新的地方。你需要開闢新的路。

在接下來很長一段時間，你可以佈局一種資產，這也是未來金錢的流向——數位資產。

為什麼要發展數位資產？從歷史來看，自農業時代起，人們最先擁有的是農業資產，包括土地、牲畜、農作物等，最先擁有這些資產的人成了第一批富人。在那個時代，擁有土地就意味著富有。

但隨著工業時代到來，資產特點成了複製。擁有複製能力的人就是擁有資產的人。一個人的勞動能力並不是最重要的，關鍵在於這套勞動邏輯能否被複製。這就是為什麼擁有公司、生產線、工廠的人能夠致富，因為工業時代的本質是實現規模化複製。

而現在是人工智慧的新時代，你必須擁有數位資產。AI時代已經到來，我們現在甚至不再把這個時代稱為網路時代。

對普通人而言，想要獲得數位資產，最重要的就是有意識地及早佈局。未來數位資產將在整個財富結構中佔據70%～80%，財富將重新洗牌。

為什麼數位資產會佔越來越大的比例？很簡單，農業時代的土地是有限的，工業時代的公司和工廠也是有限的。但資料不同，資料是無限的。在新時代致富，必須明白：不能用過去的思路在新時代裡成事。

數位資產分為上、中、下游。上游和中游往往屬於國家戰略層面，比如雲端、伺服器、資訊、存儲、數位權益等。中端通常是一些大企業在佈局，比如華為佈局的數位憑證和數位權益。

那普通人可以做什麼呢？答案是：**普通人可以盡可能地把自己的資產和有價值的部分放到網路上**。

前兩天，我在小紅書上收到一條私信，有人願意出10萬元買下我只有5萬粉絲的帳號。為什麼？很簡單，因為這個號是有價值的，這就是我的數位資產。

未來，每個人都會有自己的數位資產，這種生活方式也是不可逆的，就像現在很少有人會選擇回農村買地一樣。

所以，我給大家的第一條建議就是：要做一個數位人。

我說的數位人，不是指在某個網站建立虛擬形象，而是要思考所有線下能解決的事，能否線上完成。比如，以前談生意要上酒桌，而現在，我所有談成的事都不需要喝一滴酒，甚至不用見面就能把事情談妥。因為有這麼多高科技產品可以把你的思想和對方連接起來。只要目標一致，溝通順暢，為什麼不能合作呢？

很多時候，只需要一個中間人背書，比如有人說：「尚龍這個人很可靠，可以合作。」於是我們就能開始合作了。現在，我很多生意都是在沒見過對方的情況下就簽了合約，比如用電子簽名。未來，所有線下能做的事，你都可以考慮線上再做一次，這就是打造數位資產的第一步。

第二，請你樹立版權意識。

有一個演員叫鄒兆龍，名字大家可能不太熟悉，但他很厲害。他演過周星馳的電影《九品芝麻官》，裡面的常威就是他扮演的。為什麼說鄒兆龍厲害？我們要說回《駭客任務》。最初《駭客任務》找的是李連杰，但出於各種原因，李連杰沒有接演。而鄒兆龍不僅接了，還獲得版權收益。

因此，未來《駭客任務》所有的數位版權都跟他有關。據說，他每年什麼都不必做，就能有幾百萬美元的被動收入。這就是版權意識的重要性。

第三，你一定要合理規劃自己在數位時代的被動收入。

版權就是被動收入的一部分，也是數位資產的一部分。

在過去很長一段時間裡，我總是鼓勵大家寫書，因為書幫了我很多。2014年，我寫了一本書，叫作《你只是看起來很努力》，賣了300萬冊。直到今天，每賣出一本，我依然可以拿到一部分版稅。雖然不多，但至少是一筆穩定的被動收入。

後來，我又鼓勵大家賣課，因為課也是數位資產。錄一門課的過程可能非常痛苦，但一旦賣出，邊際成本就會遞減。每多賣出一次，成本就會低一些，甚至趨向於零。這就是為什麼很多這樣的公司能夠創造出千萬甚至億萬身價的富豪，因為他們也在佈局數位資產。

現在，我建議大家做自媒體，因為這也是數位資產的重要組成。

要建立自己的帳號，記錄自己的高光時刻。如果你長得好看，就多拍美美的照片；如果你會打籃球，就把投籃視頻發上去；像我這樣表達能力強的，可以分享一些對別人有用的乾貨。但一個帳號是不夠的，你需要做矩陣，多做幾個帳號，多發幾個平台，才是佈局數位資產的正確方式。等你火了，很多人會來幫助你做矩陣，你的影響力就起來了。

最後，我為什麼讓你做矩陣和多個平台同步發展？因為一旦你在某個平台的流量下滑，你還可以依靠其他平台繼續發展。正因為懂得佈局數位資產，所以我同時做了視頻號、YouTube、小紅書、B站等多個平台的帳號。

總之，這都是你創造財富的機會。

想賺錢就不要被任何現實所局限

前段時間，朋友給我講了一個史丹佛大學的實驗，我聽完直接被震撼到了。

史丹佛的老師給一群學生每人五美元，讓他們在兩小時內看看能把這錢變成多少。最後每人做三分鐘演講，分享自己是如何賺到錢的。

如果是你，你會怎麼想？

你可能和我一樣，想著用五美元買些氣球、棒棒糖，然後高價賣出賺取差價。你可能會絞盡腦汁地談判，就為了找到能多賣幾塊錢的話術。但這畢竟是史丹佛大學！有人已經意識到五美元可能是限制思維的陷阱，他們意識到：作為史丹佛大學的學生，做什麼不能賺到錢？於是他們完全不考慮這五美元，而是利用這兩小時去做家教，給創業公司做諮詢，兩個小時就賺到了一兩百美元。

真正令人印象深刻的是這個團隊的創新思維。他們意識到兩個小時的限制之外，最具價值的其實是後面的三分鐘分享環節。作為史丹佛大學的一個專案，他們巧妙地將這三分鐘以650美元的價格賣給了一家獵頭公司，讓該公司藉此機會展示企業理念，招募史丹佛的優秀人才。

要知道，這些企業平時很難獲得直接進入史丹佛大學招聘的機會。

由此，這個小組爆火了。

我想，這就是我一直跟大家說的：Think outside of the box。④

故事講完了，我想分享幾個我的想法：

1. 你所擁有的一切，可能都像「兩個小時」或「五美元」一樣，既是現實條件，也可能成為限制思維的枷鎖。
2. 你賺到的第一筆錢（五美元），既可能成為你的發展路徑，也可能限制你的視野。
3. 你永遠無法賺到超出認知以外的錢，永遠不會。
4. 不要總想著傳統意義上的賺錢方式（比如找話術），而要考慮自己的獨有資源（如史丹佛）是否可以變現。
5. 所謂好的教育，不是循規蹈矩，而是跳出盒子去看待萬物的可能性。

這個實驗給了我很大的啟發，讓我想到了另一個類似案例。麻省理工學院（MIT）的一群學生曾參加過一項名為「紅紙夾子挑戰」的實驗。他們從一枚普通紅色紙夾開始，透過連續交換，一週內就換到了一輛汽車。

他們的成功之處在於突破了對紙夾子實際價值的限制，充分把握了人們對創新故事的濃厚興趣。他們將交換過程記錄分享到社交媒體，吸引了廣泛關注。最終，一家汽車經銷商被他們的創意打動，願意用一輛二手車交換。

他們為什麼會有這個想法呢？讓我把這個故事講給你聽。2005年，加拿大青年凱爾·麥克唐納（Kyle MacDonald）用一枚紅色迴紋針完成了一場「瘋狂」的交換遊戲：透過14次交換，他最終用一枚不起眼的小迴紋針換到了一棟兩層樓的房子！

這個令人驚嘆的故事不僅在網路上迅速傳播，更在全球範圍內激發了無數人對創造性思維和勇氣的反思。讓我們一起深入挖掘麥克唐納的傳奇旅程，看他如何用一枚小小的迴紋針撬動了自己的人生，也撬動了全世界的想像力。

這個故事源於一個簡單的想法。當時的凱爾·麥克唐納只是加拿大一名普通的年輕人，既沒有穩定的收入，也沒有購房積蓄。一天，他突然萌生了一個有趣的想法：「能否透過不斷的交換，把小物件逐漸換為大物件？」於是，他拿起

---

④ 跳出固有的思維模式。

桌上一枚紅色迴紋針，拍照發到網路論壇，正式開啟了這場交換計畫。起初，他只專注於尋找願意交換的人，至於能否成功獲得理想中的物品，這個問題他暫時拋在一邊。重要的是，他邁出了創意實踐的第一步。

麥克唐納的第一個交換對象是一位願意用魚形筆換迴紋針的網友。雖然都是小物件，但這次成功的交換證實了他的想法是可行的。接著，他又用魚形筆換到了手工雕刻的陶瓷門把手，然後不斷尋找對這些小物件感興趣的人，逐步完成物品的升級置換。

在14次交換過程中，他獲得了從露營爐到本田發電機，從啤酒桶到雪地摩托等各種物品，甚至包括與搖滾明星艾利斯·庫珀共度下午的獨特體驗。透過這些不斷升級的交換，麥克唐納深刻認識到，每次交換不僅帶來物質價值的提升，更積累了人脈資源，加深了對人性的理解。

在整個過程中，麥克唐納始終保持耐心，沒有急於追求快速成功。他耐心地尋找每件物品最合適的下一個「買家」，每次交換背後都有無數次的溝通和商量。他要讓對方相信，這個交換是值得的，是能夠讓彼此獲得價值的。正是他願意花時間去理解對方的需求，使得每次交換都更具意義。他積極在各類網路平台發布資訊，與數百位陌生人交談，打破了許多原本存在的隔閡和交際壁壘，展現了有效溝通的力量。

麥克唐納的這場交換挑戰，歸根結柢是他創造性思維的極致展現。普通人看到的是一枚迴紋針的微不足道，而麥克唐納看到了它無限的可能性。在每一次物品的選擇中，他並非單純選擇價值更高的物品，而是選擇了更有故事性、更有吸引力的物品，以此來吸引更多人的關注。

這也證明了：**創造力的極限不在於我們擁有多少資源，而在於我們如何看待手中的資源，並用這些資源實現價值最大化。**

後來，凱爾．麥克唐納將他的「紅色迴紋針」故事寫成了一本書，名為*One Red Paperclip: How a Small Piece of Stationery Turned into a Great Big Adventure*（《一枚紅色迴紋針：一個天方夜譚神話的締造者》）。這本書詳細記錄了他從一枚紅色迴紋針換到一套房子的全部過程，以及其間的挑戰、收穫和思考。

書中，麥克唐納不僅講述了每次交換的過程，還分享了他對冒險、堅持、創造力和社交的深刻見解。這本書激勵了許多讀者突破自我，追逐夢想，也讓人們認識到在現代生活中溝通與分享的重要性。

這些故事給了我更多啟發，我想補充以下幾點：

1. 質疑常規思維：不要被表面的規則和限制所束縛，要勇於挑戰固有思維模式。
2. 利用網路和社交媒體的力量：當今社會，網路是一個巨大的資源庫，善於利用可以事半功倍。
3. 提升敘事能力：一個打動人心的故事能大大提升你所

提供的價值。

4. 整合現有資源：學會整合手頭資源，尋找合作機會，實現共贏。
5. 目標導向：明確最終目標是什麼，然後倒推思考，找到比傳統方法更高效的實現路徑。

回到最初的實驗，那些史丹佛的學生之所以能取得如此驚人的成果，正是因為他們跳出了「五美元」和「兩個小時」的限制，發現了更廣闊的舞台和更多的機會。

我們在日常生活和工作中，也常會遇到類似的情況，經常被眼前的條件所局限，忽視了自身潛力和外部機遇。這個實驗提醒我們，保持開放心態，突破思維定式，才能創造更大價值。

請你在守住內心自我的同時，時不時跳出盒子看看更大的世界。

工作焦慮到失眠，就抓緊走吧

前段時間有個學生問我：「我工作焦慮到失眠，想到第二天要上班就掉頭髮，怎麼辦？」我說：「沒關係，頭髮就是拿來禿的，我也是，我都快沒頭髮了，雖然工作壓力不大。」

他說：「我真的快掉光頭髮了。」

過了幾天，他給我看了醫院的診斷證明，天哪，真的是大面積脫髮。我看照片，才發現他腦袋上有一塊已經禿了。我問：「是什麼樣的工作讓你這麼焦慮？」

他說：「老闆動不動大半夜打電話給我，讓我把文件做好，把簡報做完。」

我說：「你是不是進入電商行業了？」

他點點頭。原來他在一家龍頭電商公司做直播營運，主播動不動大半夜開始播，播到凌晨，他們還要復盤。一個月薪資確實挺多，但這讓他心力交瘁，身體出現了多處不適。我說：「你要不先去體檢一下？」

他說：「我哪有時間體檢？」

我說：「你聽我的，去體檢一下。」果然，一體檢，各種問題全來了。他問了我一個靈魂拷問：「龍哥，我要不要辭職？如果辭職了，未來在哪兒還能找到這麼好的工作，一個月能給我這麼多錢？」

我就問了他一個問題：「還要命嗎？」

他想了想，說：「命不就是要花在重要的事上嗎？」

我問：「什麼叫重要？」

他愣了一會兒，說：「目前來說，工作最重要。」

我跟他講了兩個案例。第一個是澳大利亞最近頒布的一條法律，嚴禁老闆下班後聯繫員工，因為員工有自己的生活，不能把工作和生活混為一談。員工下班後可以不回老闆訊息。

第二個是我在加拿大的朋友，他是個華人，剛移民到加拿大，找到了一份工作，每天下午三點下班，還挺開心。但他想，好不容易找了份工作，得表現一下，於是第一天就加班，開始跟同事拚了，三點半還坐在電腦旁邊。他的主管很不解，以為他遇到什麼問題了，於是走到他辦公座位前問：「你為什麼三點半還沒下班？」

當弄明白他的意圖之後，主管說：「我跟你說實話，如果你這樣做會提高整個團隊的level。」

什麼意思呢？主管解釋道：「你今天三點半下班，會讓合作方的工作量也增大，最後大家都會陷入無休止的競爭中。這不利於企業的長期發展。而且你把工作做完了，老闆可能就該資遣你了。資遣你也就算了，可能整個團隊也會被資遣，這對整個行業都不利。所以你要不要考慮準時下班？」

從那之後，他再也不拚了，下午三點準時下班。這位朋友跟我說：「以前覺得工作是生活的全部，現在才知道工作只是生活的一部分，加班根本不是什麼福報。」

工業革命時期，工人們用生命拚出來的週六、週日休息日和八小時工作制，你為了可能獲得的收益就輕易打破它，真的值得嗎？**這些內耗大部分並沒有轉化為生產力，只是無謂地消耗時間**。比如一週可能只做了一份簡報，而這份簡報本可以在兩個小時內做完。隨著人工智慧的發展，甚至兩分鐘就能做完。

人在越來越像機器的同時，機器卻越來越像人。人還需要休息，機器現在也需要休息。

我接著問那個朋友：「這家公司有你的股份嗎？」他說：「當然沒有。」

我問：「這個業務有你的分紅嗎？」他說：「也沒有。」

我說：「你只有獎金和薪資，對嗎？」他說：「是的。」

我說：「你就是個打工人，既然是個打工人，就不要到處操勞了。」

後來我在網路大公司的直播行業裡多次遇到類似的年輕人。他們把自己拚得筋疲力盡，常常在黑夜中抬頭仰望著煙霧和星空，問自己：「我到底是為了什麼？」每個月只有在拿到薪資的那一刻才會感到短暫的開心，但這樣的生活到底有什麼意義呢？

他們陷入了迷思。每當陷入這種迷思時，他們就提醒自己：「我來大城市是為了奮鬥的。」於是繼續奮鬥下去。這樣的人通常有個特點，他們用戰術上的勤奮掩蓋戰略上的懶惰。他們從來不去想，這件事到底和自己有什麼關係。

我常問這些人：「你在北京這麼長時間了，有看過一場歌劇、話劇或音樂劇嗎？你到上海，每天加班到深夜，去過上海的迪士尼，或者登過電視塔嗎？你在廣州、深圳、武漢、成都工作奮鬥時，談過一次刻骨銘心的戀愛嗎？喝過一次酣暢淋漓的大酒嗎？你都沒有，你只是在工作。你把工作當成了生活中唯一可以抓住的東西，卻忘了工作和生活可以平衡。只要你有一點智慧就能做到這一點。你不需要替老闆承擔責任，拿著員工的薪資，工作就是你出賣時間換取公司資源，僅此而已。」

之後，我採訪過很多年輕人，經過和他們交流，我總結出了以下五條建議，希望能幫到你：

第一，上班沒必要承擔過多責任。

不是你的事就不要管。當你的身體拉警報了，請立刻停下來。我講個真實的故事。我們之前組建了一個電商直播團隊，在北京四環旁邊的別墅裡租了一間屋子。當時我們打算長時間做直播，這個別墅很大。看房時，我們發現另一棟裝修非常好的別墅，裡面的人也做電商，有十幾個房間，還能休息，附近外賣很多，特別適合直播，而且它的租金更便宜。我覺得很奇怪，為什麼不趕快租下？我們跟仲介聊了很久，準備付錢時，仲介突然告訴我：「龍哥，我知道你是個小名人，我不能跟你撒謊，不然我們以後做不了朋友。」

我問：「怎麼了？你說。」

他說：「這個房子兩個星期前死過一個人。」

我問：「怎麼死的？」

他說：「一個主播連續直播三天沒睡覺，突發心臟病死了。公司老闆現在跑路了，找不到人了。房子裝修得這麼好，有部分原因是這事，那麼價格你能接受嗎？」

當時我嚇了一跳。我說：「這麼大的事，怎麼不早說？你還得再便宜一點，不然我就不來了。」

房東笑著說：「便宜一點沒問題，有人來住就行。」我當時開玩笑說這話的時候，團隊裡有個小女生聽到了。她之前對我特別好，說：「龍哥，只要你決定了，我鞠躬盡瘁死而後已。」但聽到有個主播死在那兒，她馬上說：「龍哥，沒必要，如果你租這個房子，我就辭職了。我命是自己的，工作是你的。」這才是真實的她，也符合她的價值觀，更符合工作的邏輯。

第二，不要焦慮，老闆的焦慮是老闆的。

很多老闆會透過辱罵下屬或給下屬製造焦慮來減輕自己的焦慮，但責任是誰的就是誰的。你來打工是為了執行老闆的意志，老闆想不明白，讓你做些亂七八糟的事，最後把責任甩給你，你會更痛苦。所以老闆的焦慮讓他去承受，你要保持冷靜，不能讓工作消耗掉你對生活的熱情。

第三，少說話。

在職場中，你已經進入了成年人的世界。少說話，多做事。過分討好不會贏得尊重。我曾說：「讓人尊重你的前提是你值得被尊重。」管閒事也是如此，你要讓自己的事情變得有價值，而不是重複或消耗自己的精力。跟任何人說話，尤其是和老闆溝通時，要三思而後行。

第四，拿到手的虛榮都是假的，實實在在的才是真的。

如果你獲得了什麼年度最佳員工獎、最誠懇員工獎，記得多問一句「有沒有獎金」，如果沒有，或者一邊降薪一邊發獎，你就知道這些獎的價值了。虛榮終究是假的。

第五，如果傷害到了身體，請立刻叫停。

如果損害了自己的利益，請立刻叫停。我經常反思公司的制度，比如打卡制度，究竟能否提高效率，還是在抑制創造力？八小時工作制是在幫助員工成長，還是在消耗他們？我的結論是，它確實在消耗人。

工業時代的工作邏輯是把人牢牢控制在崗位上，讓人像機器一樣為老闆服務。但現在是資訊時代，更需要掌控資訊的能力和較強的應變能力。上帝把人帶到了數位時代，賈伯斯發明了蘋果手機，我們有這麼多優秀的高科技不用，非要讓人在地鐵裡擠著打卡，陷入無休止的內耗，這又有什麼意義？

我在深圳成立了一家小公司，負責剪輯我直播時的片段。他們最厲害的時候，一個月能做到兩千萬的流量。你可能不敢相信，這個團隊只有6個人，管著60個帳號。他們每週只打一次卡，週一開會，其餘時間在家工作。每天只工作兩三個小時，定時發布內容，剩餘時間可以做自己想做的事，而且從未出現過工作問題。

所以，如果你的工作已經傷害到了你的身體，讓你陷入無休止的內耗，不妨思考一下是否還有其他出路。

這個世界上沒有任何人或規則能強制你必須立即做什麼事。就算有人說「必須馬上做」，也要記住，你其實還有選擇，因為你至少可以選擇離開。

失業後的重新出發

身邊很多朋友失業時，我常用這句話安慰他們：不要太擔心未來，如果失業了，就當作重新開始。

這一節送給那些已經失業或者負債的人。

在過去一段時間裡，我身邊有許多失業、負債的人。經過開導，我發現成功與否，總結起來就兩句話：要麼帶著債繼續前行，適應新的生活狀態；要麼給自己幾天時間放空，不要著急。**無論選擇哪種方式，都要以「重新開始」為基礎**。真正的強者永遠敢於重新開始，想想看，兒時是不是有很多想做卻沒做的事？不如趁現在重新歸零。

無論是負債還是失業，都可以藉此機會重新建立這五件事。

第一，重新建立自己的圈子。那些透過應酬認識的不可靠的朋友該遠離就遠離，那些不能幫你創造價值反而消耗你的人，該絕交就絕交。那些只會傳播負能量卻不能帶來實質幫助的圈子，是時候說再見了。

第二，重新建立自己的目標。很多人負債的原因在於長期目標的偏差，建議找個安靜的地方，透過寫日記梳理思路，找回最初的出發點。

第三，重建信心。失業往往會嚴重打擊個人信心，尤其是在被拒絕的過程中，你會分不清是時代因素還是個人因素導致失業的。可以從一些小事開始做起，比如每天堅持早起，堅持打卡一週，或者用App記錄跑步，爭取一個月跑到10公里。這些看似簡單的行動，能幫助你走出失去信心的狀態。

第四，重建日常習慣和財務結構。失業會打亂原有生活節奏，重建健康的生活習慣和財務規劃很重要。計算每日必要開銷，設定自己和家人的最低生存成本，據此制訂財務計畫。記住，這世界沒什麼剛需，也沒有什麼非做不可的事，放下面子重新開始，活下來比什麼都重要。

第五，重新建立自己。請把這句話重複一遍：過去的自己已經走了，一個新的自己正在重生。

接下來分享失業後必做的六件事。這些建議來自廣泛的調研，我很遺憾沒有及早整理分享，否則能幫助更多人。

第一，降低欲望，降低預期，降低消費。

當你拿到離職賠償或確認自己丟掉工作的時候，請告訴自己，接下來三到六個月可能要勒緊褲腰帶，保持平常心，降低消費欲望和預期。記住一句話，這句話能幫你度過難關：人不必天天工作，不用每天都過得那麼快節奏，慢一點挺好的。你可以倒數計時，告訴自己苦日子開始了，但這也是重新開始的日子。

從零開始，心態越好，人就會越來越好，所以什麼都可以丟，就是不要丟掉好心態。**一個人保持樂觀、開心，往往能得到好運，這並非吸引力法則，而是經過驗證的心理學理論。**

一件事的發生，好與壞並非取決於事情本身，而取決於你如何看待它。況且到了人生的谷底，只會越來越好，你可以什麼都不相信，但要相信週期。人和時代都是這樣，到谷底之後必然會反彈。

第二，停一下。

別急著去跑外賣、做服務員這些廉價出賣時間的工作，這些工作隨時都能做。讓這三到六個月成為你的Gap Year，去放空自己，讀書、寫作、見不同的人。

想想看，你兒時最想做的事是什麼？如果不知道，找個安靜的地方去復盤。拿出一張白紙，不設限制地書寫，寫著寫著就能找到思路，也別擔心這段時間不工作會焦慮，讀書、鍛鍊能降低90%以上的焦慮。寫作能幫你思考為什麼會失業，做錯了什麼，哪些可以繼續，哪些做得好，哪些做得不好，有則改之，無則加勉。如果負債也不要著急。我見過很多負債的人，他們都後悔在負債後過於著急，用僅剩的或能調動的錢繼續創業、投資，最後還是走了老路。你之所以負債，是因為過去的認知出現偏差。如果此時不徹底反思為什麼負債，用同樣的方式繼續走老路，債務只會越來越多。越是負債越不要著急，因為倉促的決定往往都是錯誤的，不要想著一次性還清債務，慢慢來，再等等。

第三，重學一項技能。

這個技能可以是小時候想學的，也可以是對未來幾年有幫助的。我從考蟲離職後自學了烏克麗麗，現在能在任何場合給人唱一首〈小星星〉了。你可以想想後半生最想做什麼。請注意，要從自身出發，不要像大學畢業後或找上一份工作時那樣，沒有目標就被某件事捲入。

花時間思考一下，你後半生想做什麼？這件事能持久嗎？你想學什麼技能？只需關注兩個字：長久。假設後半生只能做一件事，這件事會陪伴你很久，那會是什麼？

建議你可以學習一些長期不會貶值的技能，比如寫作、吉他、Photoshop、PowerPoint、攝影、自媒體、AI技術運用、基礎程式設計等。

第四，看行業，看賽道，重新出發。

既然重新開始，沒必要再守著自己已經丟掉的行業或拋棄你的行業。看看什麼賽道能賺錢，不懂就學習相關知識，關鍵是這個賽道能持續盈利。多關注行業報導，多接觸不同行業的人，放下沉沒成本，不要總想著已經學了這個專業，在這個行業幹了這麼多年，這些資源不用就浪費了。

史丹佛有個著名實驗：當你手上有一杯水，接下來該做什麼？很多人想著把水潑掉或喝掉，都在圍繞這杯水做文章，其實大錯特錯。手上有一杯水時，最需要做的事與這杯水無關，而是去做想做的事和能做的事。

這杯水就像你的專業、已有的東西、沉沒成本，既然已經沒了，不如從零開始。

第五，可以不找工作，但要找事做。

在沒工作的一段日子裡千萬不要頹廢，別宅在家裡，別陷入舒適區。工作不是一下就能找到的，而是邊走邊找，是碰出來的，千萬不要離開市場太久，否則別人會忘記你。

我有一個很好的朋友，離職後在大理一待就是三個月，三個月覺得沒待夠，於是又待了半年，回來後發現已經沒人記得他了。重新投入市場時，面試官一定會問：這半年你做什麼去了？所以不要離市場太遠，可以做點小事，不一定需要團隊，哪怕在朋友圈賣東西，保持與人約見，或加入失業互助小群，結交新朋友，都是非常好的方式。

如果是中年失業，35歲以後不要再找工作，可以嘗試創業。我說的創業是低風險創業，賣東西、拍短影音都行。多問問自己喜歡什麼，把第二次創業建立在自己喜歡的事情上，這樣能持續更久。

對生活和工作都要保持興趣，也不要總想著跟上趨勢，這些趨勢大概與你無關。**要尋找自己的熱愛，把熱愛變成趨**

勢。

第六，走出去。

我指的不僅是物理上的走出去，更是精神上的走出去。換個城市你會發現有不同的活法，換個國家你會發現思路都不一樣了。這些年很多人說我沒怎麼老，很大程度上是因為我經常與年輕人交流，我很少和「精神老年人」走得近，當一個人不思進取，不願意進步，我大概離他就比較遠了。

最後，我想告訴那些當下有穩定工作的人，請記住你早晚都會離開，不可能在一個崗位幹一輩子，過去像我們父母那樣一份工作能幹一輩子的情況已經不復存在了，時代的變化是你無法想像的。

騎驢找馬，居安思危，是每個人應對風險最好的方式。

用長期主義的原則投資自己

最近幾年，我發現越來越多年輕人熱衷於玄學，有人在工作學習之餘去「上香」，有人研究星座、解塔羅牌，試圖尋找一絲確定感。

這種現象看似荒誕，背後原因卻很現實：人們太疲憊也太迷茫了，想要找到些許慰藉。

但玄學能帶來的安慰短暫且虛無，因為問題依舊存在，並沒有被解決。那麼，迷茫焦慮時，靠什麼才能真正找到方向？我想說：**與其等待運氣，不如一步步讓自己變好。投資自己，才是應對焦慮和迷茫的最佳方式。**

如何有效投資自己？

1. 投資你的知識：找到打開世界的鑰匙。

很多時候我們之所以焦慮，是因為手中的資源太少，不知道應該如何改變現狀。其實最簡單、成本最低的方法就是學習。

- **閱讀真正能幫你的書：**比如達利歐的《原則》，可以教你如何建立一套適用於生活和工作的方法論。再比如《刻意練習》，能讓你明白能力的提升是可以被科學規劃的。
- **學一項新技能：**試著去學些對未來有用的技能，比如用AI工具提升效率，或者學剪輯、寫作、程式設計，這些都是低成本但能讓你增值的技能。
- **堅持輸入和輸出：**看到一個觀點時，嘗試記錄下來，寫成筆記、文章，或者和朋友聊聊。輸入加輸出，能讓你的思維更清晰，認知更紮實。

  你能賺到的錢，永遠不會超過你的認知。提升認知，是讓你脫離迷茫最快的方法。

2. 投資你的時間：讓每一分鐘都更有價值。

時間是年輕人最寶貴的東西，但很多時候我們在無意識地浪費它。如何有效投資時間？

- **減少無意義的消耗：**刷短影音、追八卦、無效社交所帶來的快樂是短暫的，從長期看，它們會佔用你本可以用來提升的時間。

- **設定一些小目標：**比如「每天讀20頁書」，或者「每週學10個英語單字」，目標小但能堅持，久了你會發現自己積累了很多。
- **管理你的高效時間：**找到自己一天中狀態最佳的時間段，把重要的事情安排在那段時間完成。

  時間用在哪裡，未來就在哪裡。迷茫時，把時間花在能讓自己變好的事情上。

3. 投資你的健康：讓身體和心態成為你的底氣。

年輕的時候，我們總覺得身體扛得住，熬一熬就過去了。但健康是一切的基礎，失去了它，所有的努力都會清零。

- **規律作息：**睡個好覺，狀態真的會好很多。保持七八個小時的睡眠，白天的狀態自然會跟著變好。
- **運動是最好的投資：**每週安排兩三次跑步、游泳或重量訓練，運動不僅能讓你更健康，還能緩解焦慮。
- **好好吃飯，少點外賣：**再忙也要記得按時吃飯，少油少糖，儘量確保營養均衡。

  身體好，心態也會跟著好。面對挑戰時，你才有足夠的底氣扛下去。

4. 投資有效的社交：認識讓你變得更好的人。

朋友圈裡「按讚之交」很多，但真正能讓你成長的社交很少。

- 先把自己變得更好：你越有能力，越優秀，就越容易遇到同樣優秀的人。
- 主動靠近那些比你厲害的人：比如參加一個讀書會，或者線上學習社群，去接觸那些思考有深度、行動有結果的人。
- 避免無效社交：和誰在一起很重要，不要把時間浪費在過度社交和無意義的飯局上。

好的社交不在於數量多，而在於品質高。認識更優秀的人，也會讓你成為更好的自己。

5. 給自己留一點餘地：儲蓄是安全感，也是選擇權。

焦慮很多時候來自對未來的不確定，而擁有一筆錢，往往能帶來踏實的安全感。

- **養成存錢的習慣：**每個月把收入的20% ～ 30%存下來，哪怕少一點也沒關係，關鍵是養成習慣。
- **別被消費主義裹挾：**不要為了「顯得過得好」去花沒必要的錢，真正的自由是你有選擇的餘地，而不是被債務捆綁。

存下的錢，能讓你在面對機會時敢於選擇，而不是因為經濟壓力不得不妥協。

迷茫和焦慮是當代年輕人共同的困擾，但解決方法並不複雜：投資自己，讓自己變得更好，其他的都會慢慢跟著變好。當你擁有了紮實的知識、健康的體魄、高效的時間管理能力和充足的安全感，你的路自然會越走越寬。

最後，焦慮時，不妨問自己一個問題：今天的我，是否比昨天更好一點？

只要每天都在進步，哪怕是一點點，你的人生也會大不相同。

人最寶貴的資源就是時間，

要把時間放在自己熱愛的事業上，

這樣才能真正賺到錢。

金錢篇

財富是對認知和意志的獎勵

人脈

篇

誰認識你
比你認識誰更重要

人脈篇

有效社交的前提，

是讓自己成為有價值的、能貢獻的人。

找到有價值的人脈資源

在日常生活中，我特別討厭那種動不動就說自己有什麼資源的人。起初我還覺得這種人很厲害，後來被騙了幾次，再有人跟我說他有什麼資源時，我都會先問他一句：「你是有煤還是有礦？」再後來，我發現經常說自己有什麼資源的人，80%都是騙子。

我們總能看到一些人拿著無效資源吹噓，說自己有通天的關係。為什麼我說它大概是無效資源？因為一旦開始做事，這些資源就派不上用場。換句話說，這些事跟這些人沒有任何關係，就算他認識，也很難調動這些資源。

還有些人特別喜歡搞資源，朋友圈裡加滿了人，說起來都認識，但一問當事人，根本不認識他。我有個朋友就特別喜歡攀關係，天天到別人家去喝普洱茶，普洱茶都喝「兩噸」了，卻什麼事也沒幹成。但這個人有個優點，就是每次一問，誰他都認識，所以他成了我身邊一個很重要的「路由器」。後來他開始收費了，每次我談成一件事他都要分紅，我就不找他了。

因為我知道，人脈資源這件事根本不取決於你認識誰，而取決於誰認識你，也不取決於你能連接到誰，而是取決於你是否能透過這些人把事做成。

在這一節裡，我要和你分享幾個關於資源的秘密。年輕人在這個世界上一定要學會尋找屬於自己的資源。過去，老一輩人的理解是有什麼資源做什麼事。但現在年輕人必須反過來思考，要知道自己想做什麼，然後去尋找相應的資源。

接下來，我給你分享六條關鍵的資源秘密。

第一，要尋找有效資源。

請恕我直言，酒桌上認識的人大概都是無效資源，並不是我瞧不起那些在酒桌上混資源、談事的人，而是因為在酒桌上談事的時代已經過去了。過去大家需要在酒桌上談生意，但現在網路和大數據已經重新分配了更多的資源。所以與其在酒桌上喝到身體出問題，不如打開手機多下載幾個軟體，去接觸那些與你同頻的人。

什麼是有效資源？答案是用得上的人。這聽起來好像非常世俗、功利，但做事本身就是這樣的。很多人你只是認識，但不一定能用得上，因為能用上的前提是要有等價的交換。如果不能實現等價交換，資源就是無效的。換句話說，當你無法給他人提供等價的交換，別人也不可能給你提供等價的友情，這在成年人世界中非常正常，也請你不要玻璃心。

那麼怎樣去尋找有效資源？我的答案就是讀書。

這個世界上很多優秀的高手都有自己的著作，所以要多讀高手的書。很多人覺得讀書無用，其實不是讀書無用，而是自己無用。自己無用，不僅是讀書，幹什麼都無用。

我來給你舉個例子，我曾經想做一件事，於是找到了一本銷量不錯的書。這本書上寫著作者的社交媒體帳號，我就在社交媒體上找到了這位作者。這位作者在行業裡很有名氣，我想結交一下。當然我也可以透過朋友來認識，但那次我想自己試一試，於是就在後台留言寫了一封很長的信。這個作者點開我的微博頭像，發現我是一個有四百多萬粉絲的博主，又在網上查了查，覺得我還不錯，就加了我的微信。我跟他聊了幾句後，他把我拉進了他的群。

剛進群時我是不說話的，但既然想認識人家，就得記住交友的三個原則：出現、表現和貢獻。在群裡只要有人提問，我能回答的就一定主動回答。

這就是交朋友的邏輯：利他、多給、少要。在群裡要多說話，在社交媒體上要多說話，這也是我經常跟大家說的。真理並不掌握在少數人手中，而是掌握在話多的人手裡。後來，群裡有一個大哥和我同在一個行業，關注到我了，覺得我能提供思路，就加了我，現在我們也在合夥做一件事。我至今非常感謝那次找資源的方式。

有人可能會說，要是聯繫作者，作者不理我怎麼辦？

沒關係。現在有很多付費管道，你可以找到這個老師的課程，然後進入他的圈子；如果你實在無法融入，說明你的量級暫時不夠。這個作者加不到，你可以去加另外的作者，大作者加不到，就加中等作者，中等作者加不到就加小作者，他們總有社交媒體帳號。現在很多人寫書就是為了被更多人認識。當你加上對方後，切記要多提供你的價值。

你一定要善用網路。大數據時代，不像早年的酒桌文化需要喝到一起，現在能在網上相遇就說明緣分不淺，至少有相同的愛好和思考方式。

第二，多組局。

你可能會覺得很奇怪，不是說在酒桌上談事已經沒什麼用了嗎？是的，但組局就不一樣了。因為組局有明確的目的，是把大家拉到你身邊，讓大家互相認識，而組局的目標是自己的。既然是你組局，大家自然會圍繞在你身邊。我建議如果你真想擁有更多有效資源，就要多請客吃飯。

想想看，一頓飯才多少錢？但在吃這頓飯的時間裡，大家幾乎都是以你為中心的。所謂找資源就是要成為資源的中心，當大家互相以你為中心建立聯繫，甚至開展合作，這樣的資源才是真正有效的。很多人特別討厭這種局，但請恕我直言，世界本來就是一個局。你需要組局、破局、成局，只有這樣才能成事。吃飯跟誰吃不是吃，千萬不要獨自享用晚餐。

如果你剛開始創業或者在找資源，不要給自己設限。組局時不一定要喝酒，但一定要暢所欲言，多聊天。

我記得剛開始讀商學院時，特別好奇為什麼這幫人那麼愛出去吃飯，後來才知道他們是透過吃飯、喝酒來篩選人。一個班可能有80個人，最後篩選到能為自己所用的只有一兩個人。透過一次次吃飯，他們辨別出誰是外人，誰是自己人。

你看，這就是在組局過程中，把不同圈子的人篩掉，把相同圈子的人攏在身邊，完成了資源的有效性確認。所以要多自己組局，少盲目地參加別人的局。

第三，整合資源。

整合資源是未來人工智慧無法替代的工作。人工智慧可以知道很多東西，但它不知道每個人的大腦都像一口深井，每個人都有自己的專長和擅長的圈子。人工智慧不可能把所有圈子都囊括其中。

為什麼很多優秀的CEO是人工智慧無法替代的？因為他們每個領域都懂一點，懂技術、懂產品、懂內容、懂傳播，但並不需要非常精通，而是需要把行業內精通且有號召力的人招到身邊，為己所用。你會發現，這些優秀的CEO其實也是組局的人，只是他們組的不是飯局，而是業務上的局、工作上的局。他們把這些人招到一起，許一個向前的目標，讓每個人都相信，然後帶著大家一起前進。

在未來人工智慧時代，有一個特別重要的技能，就是獲取認可的能力。有些人一說話別人就愛聽，有些人一說話大家就很反感，覺得油膩、虛偽。為什麼？還是要回到交朋友的邏輯，就是看說話是否真誠，是否利他。

未來受大家喜歡的主管，就像知心大姐姐、大哥哥一樣，絕不是簡單的上下級關係。這樣員工和團隊的夥伴才願意跟你傾訴，也願意傾聽，這就是領導力。讓別人都願意聚集過來、願意相信、願意傾聽，這就是資源整合的核心秘密。

很多公司也是一樣，滴滴、Uber沒有一輛車卻整合了計程車市場；淘寶、拼多多沒有任何零售店卻整合了零售業。所有善於整合資源的個人和公司都將成為最大的贏家。

第四，養成蒐集資源的習慣。

我在史丹佛的時候，一個大哥介紹我認識了一位老闆。這位老闆的孩子在史丹佛上學，他想做TikTok，拍短劇進軍國際的業務，正在找編劇，問我要不要合作。我當然答應了。接著，老闆講了自己的商業模式，他講了半天後我問他認不認識一個叫孫總的人。

他很驚訝地問：「你怎麼知道我認識孫總？」我說這位孫總的業務模式似乎和你一樣。我打開手機，找到了之前記錄的孫總的業務模式。當時記下來是想著以後沒錢可能需要寫短劇的劇本，要找孫總讓他給我工作。

當天晚上，這位老總就和孫總一起，我們在史丹佛吃了頓飯。孫總在飯桌上說：「我來史丹佛這件事誰也不知道，沒想到讓你給抓到了。」我說我也是碰巧遇到這件事。孫總笑著說：「對了，最近我有個短劇的case，你要是有空就給你。」我因為這個case多賺了近百萬元。

你看，這就是資源整合的力量。資源整合絕不是一瞬間就能完成的，而是要養成蒐集資源的習慣。你的腦子裡要有一根弦，認識新朋友、看到新聞網站、獲取新消息，都要有意識地記錄下來。好記性不如爛筆頭，命好不如習慣好。

第五，20歲靠體力，30歲靠能力，40歲以後應該靠整合資源。

我認識的人裡，很多人40歲以後都過得非常辛苦。你想，40多歲還要朝九晚五，只能靠出賣時間來賺錢。這是因為他們沒有意識到，到了一定年齡階段，如果仍然只依靠能力和體力賺錢，未來的結果就只能被社會淘汰。

為什麼現在的網路大公司頻頻爆出「35歲以後裁員」的新聞？原因有三：第一，薪資成本過高；第二，管理難度大；第三，體力又不行，沒有年輕人能幹。因此公司往往會給予一筆豐厚的補償金，讓這些人另謀出路。但問題是，他們真的能找到新工作嗎？不一定。很多公司都不願接納35歲以上的求職者。

這雖然看似是年齡歧視，卻是不爭的現實。人到40多歲，若還只能靠出賣時間賺錢，必然會身心俱疲。

因此，年輕人要預防35歲危機，關鍵在於及早學會整合資源。

第六，除了人脈資源，這個時代最重要的就是資訊資源。

我總跟大家講，個人的數位資產是未來重要的佈局方向。對普通人而言，資訊源就是重要的資料資產。要多讀書，多瀏覽YouTube、B站，接觸一些鮮為人知的網站。資訊源本身就是一種資源。如何獲取優質資訊源？答案是付費。

要記住，網路時代有很多免費資訊，但免費的其實是最貴的，因為背後隱藏著大量割韭菜的商業邏輯。舉個例子，作為內容創作者，如果讓我免費寫10萬字，我不會認真對待，可能就是隨便寫寫，錯別字也不會校對。但如果支付了稿費，我就會認真對待，字斟句酌，因為我需要對這筆錢負責。

你看，只需支付少許費用，就能獲取最優質的資訊源。這就是為什麼我認為讀書很划算，花二三十塊錢，就能獲得作者長期的思考成果。

當然，對於不願付費的朋友，我也收集了一些優質的免費學習網站：

- Oesay[5]
- Doyoudo 自學網[6]
- 我要自學網
- 國家開放大學終身教育平台

⑤ 注重實用性的職業技能學習平台。
⑥ 專注於提供自學資源的學習平台。

如何向上社交

什麼是向上社交？

很多年輕人都問過我這個問題。我非常反對把向上社交等同於混圈子，因為很多人看似混進了很多高大上的圈子，最後卻都成了「按讚之交」。所謂按讚之交，就是你給別人按讚，而別人基本上不會留意你。我把這種按讚之交稱為無效的社交。

先聲明，什麼是無效的社交？如果你不優秀，如果你不能給別人創造價值，認識誰都沒用。交朋友的本質在於誰認識你，誰願意幫助你，而不是你認識誰。我寫過一篇關於放棄無用社交的文章，自己也犯過很多錯誤，那篇文章就是我的反思。

比如，有一次我想加一個人的微信，因為我有事相求，但那個人最終拒絕了我，讓我覺得很沒面子。原因很簡單：介紹我們認識的那個人沒有好好介紹我，對方不知道我是做什麼的，所以自然擔心我會麻煩他。後來在另一個場合，我再次遇到這個人，我們成了很好的朋友。因為這次我是以一家公司人工智慧顧問的身分出席，而他的公司剛好處於往人工智慧轉型的階段，於是我們建立了很好的聯繫。

那一刻，我明白了一個道理：無論你多厲害，只要不能給人提供價值，大概就不能和別人真正成為朋友。因此，在談向上社交之前，**首先要讓自己成為一個有價值的、願意貢獻的人**。

但如果你是一個初入社會的年輕人、沒有什麼資源的普通人，如何和厲害的人交朋友呢？這一節會告訴你五個秘訣。

第一，讓厲害的人參與到你的成長裡。

我曾經遇到一個下屬，他是1996年出生的。他與其他員工不同，幾乎每天都會給我寫日報，告訴我他今天做了什麼，有什麼啟發，如何成長。他離職後，我們成了很好的朋友。原因很簡單，其他員工只是在彙報工作，而他在彙報成長。

人，尤其是像我們這樣的中老年男人，總有一個「好為人師」的習慣。雖然我時刻提醒自己不要隨便給人免費的建議，但有時候就是忍不住，想要參與到年輕人的成長中。他長期堅持這樣記錄，讓我感覺他像我的孩子或弟弟一樣。

後來，他去創業，我投資入股，我們的關係也因此更進一步。有一次，我偶然看到他的直播，他提到：「龍哥見證了我的成長，我很感謝他。」所以請記住，一定要讓厲害的人見證你的成長。只有當他看到你與眾不同的變化，他才願意參與進來。

讓厲害的人見證你的成長，是向上社交的關鍵。

第二，大膽一點，再大膽一點。

其實，真正厲害的人往往沒有架子。所以不要恐懼，要大大方方地與他們成為朋友。如果有機會相處，也不要因為害怕就一句話不說。如果你不說話，別人根本不知道你在想什麼，更別說是否知道你想與他們交朋友。

你可以多問少說。多問他們的思想、見解和觀點，讓他們表達。如果他們不願深入討論，你可以聊一些輕鬆的話題，比如：「你喜歡吃什麼？」「有什麼忌口？」或者「你最喜歡哪個城市？」

另外，一定要主動出擊。我剛開始寫書時，就主動聯繫古典老師（《拆掉思維裡的牆》作者），請他寫序。當時我們並不認識，但我寫了一封長信，他回覆了，還願意幫我寫序。後來我們成了很好的朋友，到現在，他依然樂意幫助我。

還有人說：「我給一些厲害的人發訊息，他們沒回。」我還是那句話：你要繼續勇敢，萬一他回了呢。我在加拿大上學時，經常去咖啡廳，每次看到受歡迎的教授，都會主動上前交談，甚至請求交換電子郵箱。結果，他們真的會把電子郵箱帳號給我，後續交流也很順暢。

所以，要主動與厲害的人建立聯繫，主動介紹自己，解釋為什麼想聯繫對方。

第三，帶著共同語言，不如找共同目標。

有共同目標的人更容易成為朋友。我常說，在大城市裡交朋友的最好方式就是一起做一件事。只要你們有共同目標，無論現在身分差距多大，都能成為朋友。

有一次，我在矽谷遇到一位投資人，很想約他聊聊。但對方管理著好幾億的專案，可能不會見我。後來，一個諮詢師建議說：「你可以告訴他，你有一些新的想法，想與他交換一下。」這句話的重點在於「交換」，而不是佔用他的時間。交換意味著雙方都能獲得價值。

第四，找到圈子裡的掮客。

掮客，也就是仲介。每當我去一個陌生的地方，想打破人際關係的僵局時，都會先找到當地的掮客。在海外，這樣的掮客往往是保險經紀人或房產經紀人，因為他們人脈廣泛。

掮客有一些特點，比如經常在朋友圈曬與各種人的合影，或頻繁參加各種飯局。如果你想迅速進入一個圈子，可以先找到圈子裡的掮客，獲得他們的認可，就能很快打開局面，認識更多人。

第五，介紹優秀的朋友給對方認識。

如果你處於低谷，或暫時無法提供太多價值，但想認識厲害的人，一個簡單的方法就是組局，把你優秀的朋友介紹給對方。在他們交談的過程中，你自然也會有機會參與其中，進而結識更多人。

如果你現在還不夠優秀，這種方法就是一種槓桿借力，是非常有效的方式。

這就是向上社交的五個秘訣。

貴人就是普通人的後路

我的讀者中有很多年輕人，我經常告訴他們，如果家境普通，最好的人生佈局就是自己給自己留後路。因為這個世界其實沒有給你太多的試錯成本，很多年輕人一旦選錯人生就毀了，所以要給自己留後路。

在這一節中，我就與你探討一下如何留後路與留後路的重要性。

2019年的時候，我寫過一本書叫《你沒有退路，才有出路》。這句話幫了很多人。原因很簡單，那時整體氛圍非常好，年輕人畢業後找到一份工作好好幹，賺錢是非常容易的。哪怕不想一直上班，做做自媒體也能賺到錢。但現在不是這樣了。年輕人必須做好找不到工作的準備。所以不留後路是不可能會有出路的。

最近看到一些新聞，讓我想了很多。

現在，年輕人在選擇職業道路時，如果一直盯著一個方向走，可能會錯過很多機會。比如說，在某個領域投入了太多時間，卻一直沒有進展，不僅會浪費寶貴的青春，還會讓自己與其他工作機會漸行漸遠。

所以我覺得，在規劃未來時，保持開放和靈活的心態特別重要，該轉變的時候就要勇於調整。我之前一直鼓勵年輕人大膽選擇，直到有一天我的表弟對我說：「龍哥，有時候像我們這樣沒背景的人，選錯了就完了。」那是我第一次意識到，如果你沒有機會又沒有資源，是個普通人，一定要給自己留後路。

我再給你講一個類似的故事，不過我把它寫進了我的小說裡。這部小說叫《重生》，建議大家找來看一看。這是一個真實的故事。

我在新東方的時候，有一個學生第一次見到我的時候告訴我，他已經考了8年北大。女朋友和他分手了，父母也快與他斷絕關係了。我教他時是他第9年備考，如果這次再考不上北大他就想輕生。當時我嚇了一跳，我才二十幾歲，完全不知道怎麼會有如此執著的人。我一邊給他上課，一邊發現他對歷屆試題的掌握能力非常強。

他之所以對歷屆試題掌握得好，是因為這些題他已經做了8年，非常熟悉。但8年只專注於考一所學校，這已經進入了一種惡性循環。我非常確定他的能力沒問題。只是想要考上研究所，除了分數夠，還有很多不可控的因素。比如當年的報考人數，又如錄取標準的調整，再如面試時發揮的好壞。

在他進考場之前，我們一起吃了頓飯。我說：「我們不要以師生的身分交談，就當是好朋友。我純粹從朋友的角度來跟你聊，如果這次還是落榜了怎麼辦？」他注視著我很久，沉默了很長時間，空氣彷彿都凝固了，然後才說：「你別說這種不吉利的話好嗎？」我就告訴他：「剛好有個職缺，是新東方教考研究所英語的，待遇不錯。你對歷屆試題的理解這麼深入，要不要考慮當個老師試試？」在他輾轉反側，幾個夜晚難以入眠之後，他說：「我可以嘗試一下。」

後來，在參加研究所考試前他第一次登上了講台，講得非常不錯，因為對歷屆試題掌握得透徹，賺到了人生中第一筆授課費。他很感激我，但還是參加了考試，果然不出我所料，他還是落榜了。

但這次他沒有走極端，而是選擇在新東方擔任考研究所英語老師。到現在他已經授課多年，最令人感動的是，5年後老闆派他去北大做演講。他進入北大的時候熱淚盈眶，說：「這所學校本來是我那8年的夢想，卻漸漸變成了我的夢魘。沒想到今天我能以這種方式與它重逢。」

他在去演講前給我打了20分鐘電話，說著說著就哭了。他說：「幸好你給我留了後路。」我說：「不是我給你留的後路，是你給自己留的後路。」我把這個故事改編成了一個短篇小說《重生》，收錄在我的短篇小說集《硬漢的眼淚》裡，後來還特地把這本書送給了他。

這種後路思維非常重要，其實就是兜底思維。你得知道你生活的底線是什麼。

這就是為什麼我經常對年輕人說，你可以炒股，可以投資，但必須預留足夠的生活費。年輕時你可以盡情享受，打遊戲、泡夜店、喝酒都行，但你要想清楚如果有一天父母不再支持你，你的生活底線會是什麼，你要能預見後悔是什麼感覺。這就是我常常強調要有底線思維的原因。

網上有很多段子，都在告訴年輕人不要留後路，認為只有不給自己留退路，人才能激發出驚人的潛能和創意。但我可以告訴你，所有勸你不留後路的人都在對你說違心話。那些鼓勵你不留後路的人，自己往往都把退路安排得妥妥當當。如果你真的相信不留後路，可能你就真沒後路了。

我每次跟別人講這事，總有人反駁說：「那項羽呢？項羽在鉅鹿之戰中破釜沉舟，不就是沒給自己留退路嗎？這種做法激勵了士兵的鬥志。他說『置之死地而後生』，命令全軍打破釜甑，鑿沉渡河的船隻，只帶三天的乾糧。你看，楚軍士氣大振，最終大敗秦軍，取得了鉅鹿之戰的勝利。」

但如果審視項羽的一生，就會發現，這種破釜沉舟的思維最終導致了他的覆滅。正是在鉅鹿之戰中的成功，使得此後的戰爭中，項羽幾乎都採取不留退路的策略，最終導致了烏江自刎的結局。而劉邦正是洞察到項羽從不給自己留後路，才能用計謀將項羽困在烏江，上演了霸王別姬的戲碼。

我可以肯定地說，不留後路就是不可取。舉個我自己的例子，這些年我能不停地跨界，在各個領域都有所成就，這裡有一個我一直沒有公開的秘密。既然承諾要在這本書裡掏心挖肺地分享，那我就把這個秘密分享出來。我這些年之所以敢這樣闖，是因為我一直有後路。我24歲寫了第一本百萬暢銷書，接下來連續兩本書賣得都非常好。這筆稿費我幾乎沒動過，一直存在帳戶中以備不時之需。一旦家裡有一些急事，這筆錢可以直接拿出來使用。

正是因為有了這樣的後路，我才能去做任何想做的事，開始盯緊目標，絕對不會盯著後路。因為只有我盯緊目標，不盯後路的時候，我才能在真正意義上爆發出那種網上所傳言的「不給自己留後路」的感覺。我不給自己留後路，不代表我沒有後路。恰恰相反，正是因為有後路，我才能不斷地激勵自己：

就當自己沒有後路吧。

這就是我一直宣導的思維模式——Think for the best, prepare for the worst.（抱最好的希望，做最壞的準備。）我做事絕對不會盯著後路，而會盯著目標。一旦決定就勇往直前，看似不考慮後路，實則已經做好了準備。因此，越是沒有後路的人，越要注意積累這方面的資源。

我強烈建議你在佈局後路時，去認真思考有沒有以下四個方面的資源。

第一，你的貴人。簡單來說，就是幫助你的人。

一定要跟貴人交朋友，哪怕是請吃飯、陪喝酒，都要接近那麼一兩個貴人。這些貴人不一定是非常成功的人，而是能夠幫助你成長的人。他們甚至可能是你人生低谷時的朋友。當你的人生走到低谷時，他們能陪你說說話，聊聊天。

我就有幾個這樣的朋友。就算有一天我混得很差，至少能保證我不會餓死。他們會給我一口飯吃。我跟他們的關係一直很好，逢年過節都會打電話問候，回到北京也會去他們家坐坐，逗逗他們的孩子。這就是你的貴人，要懂得累積這樣的資源。

第二，你的資訊源。你要有不一樣的資訊源。

這些資訊源可以是特定的網站、知識App，或者像人脈樞紐一樣廣交朋友的人。記得父親剛查出膀胱癌的時候，我完全沒想到要在北京求醫，既複雜又讓人頭痛。每次去醫院看到人山人海，都不知所措。這時我想起身邊有一兩個明星朋友，於是聯繫他們，最後他們分別介紹了一位醫生。如果沒有這些訊息資源作為底牌，那時候我真的會束手無策。

第三，你要有自己的存款。

我經常跟大家講，尤其是年輕人，賺到第一筆錢別亂花。常在有時思無時，莫到無時想有時。更不要覺得自己的錢一輩子花不完。你一定要有自己的存款，這是應急之需。如果哪天你決定創業或改變人生方向，沒有這筆錢作為後盾，做什麼都會膽戰心驚。

而且，不僅要有存款，還要有多元化的收入。我曾經跟別人聊這個話題。我們發現，一個人如果有三種收入來源，在當今時代就能過得相對穩定。為什麼是三種？這是我們分析多個案例得出的結論。所以當你有了一份穩定工作，再加上一份興趣愛好，以及一份副業，就可能有三種不同的收入來源。

最後，我也想跟你分享一些人。

我特別愛讀史書，尤其是一些經典的好書，比如《三國演義》。在書中，我能明顯看到了兩個人物的區別。一個是關羽，另一個是呂布。呂布做事從不留後路。一旦做出決定，下手極為決絕，丁原、董卓都曾是他的義父，但他說殺就殺。因此呂布的結局也很明確。人們知道他是個不留後路的人，所以他最終也沒有後路。呂布的下場，大家都很清楚。

但跟他不一樣的是關羽，處處給自己留後路。就算是被曹操俘虜，他也跟曹操講：「我是有後路的，我要回去見劉備。」其實敗走麥城也是一條後路，只是這後路沒給自己留夠。但相比呂布，關羽還算善終。如今人們祭拜的是關羽，而不是呂布。

此外，請你警惕那些不給你留後路的人。這種人可能在你找工作時，連兼職都不允許；你做事時，連業餘時間都要管。這樣的人不僅要警惕，更要遠離。

下次遇到這樣的人，請記住《水滸傳》中的一個故事：

林沖被逼上梁山時，就遇到了一個不給他留後路的人——王倫。王倫在林沖上山時，用近乎侮辱的方式拒絕他，想將他趕走。當周圍的朱貴、杜遷、宋萬都為林沖說話時，王倫提出讓林沖交投名狀，殺一個人，徹底斷了他的後路。但林沖不一樣，他始終要給自己留後路。

林沖最可貴的就是堅持自己的原則，連董超、薛霸都不願殺害，更何況是與自己無冤無仇的普通人。林沖的故事一直延續到最後，而王倫卻很快被殺。對於所有勸你不要留後路的人，你都要記住王倫的教訓。

不過，留後路這件事，我一直把它限制在事業和人生選擇中。感情則不同。當你愛上一個人時，應該全心全意地投入，不要給自己留後路。

就算你們最後沒有走進婚姻的殿堂，沒有答案和結果，也至少不會留下遺憾，不是嗎？

為什麼要放棄大多數無用社交

寫這本書的時候，我其實做短影音很長時間了。但最早決定要做的時候，是需要心理建設的。因為作為一個作家，我更多的是靠文字為生。我需要寫作，需要寫很多，而且我的文字已經被證明是有影響力的，畢竟寫過暢銷書。

但有一個問題：一個人在過去的文字時代被證明是成功的，他來到新的視頻時代，要是沒紅起來、沒能成功，豈不是非常尷尬？所以我過去很長一段時間都在努力做短影音。說實話，一開始做的效果非常差。我在北京換了好幾個團隊，有做短影音編導的，有做剪輯的，有做內容策劃的。我換了幾次團隊，交了不少學費，花了好多錢。

你永遠無法想像我在這件事上栽了多少跟頭，但內容就是不上不下、不溫不火，結果很差。

我在抖音做了很長時間，終於漲到了20萬粉絲，卻因為胡亂發一些東西，最後粉絲降到了19萬。我很痛苦，商業化也很糟糕，很長一段時間裡我甚至決定不再更新抖音和影音號。

但隨著我來到加拿大，這一切發生了變化。我剛到加拿大時，僅僅花了兩個月時間，抖音粉絲就增到50萬。影音號從零起步，粉絲數量也做到了50萬。然後我開始做矩陣、做直播，從矩陣裡面剪切片，60天時間我們做了將近60個帳號，全網粉絲達到2,000萬。我的內容一下子就起來了。

如果你看過我的短影音，相信你也能看出來，我的短影音品質越來越高了。為什麼？答案只有三個字：斷社交。

是的，一旦你開始被越來越多人干擾，你就會被迫經歷大量無效社交，最後導致你產出不了好的內容。**斷社交非常有必要，因為只有斷掉社交，你才能堅定自我內核，減少外界的影響。**

未來，在知識越來越不值錢的狀態下，你要明白個人思考是越來越值錢的。就像我之前說的，MidJourney能夠一天產生1萬張照片，所以分辨什麼是好的照片才是重要的。ChatGPT一天能寫1億個故事，所以什麼樣的好故事能跟自己結合才是最重要的。這就是斷社交的重要性。

作為一個作家，我大多數時間是孤獨的。有時候，我經常在海邊邊走邊思考這篇文章該怎麼寫。我也經常會在夜深人靜時想，還有什麼方法可以把故事寫得更好。

後來我慢慢明白，為什麼大多數優秀的編劇和作家都會在夜晚寫作？哪怕在白天寫作，他們也會去深山老林裡找一個沒有任何人干擾的地方。很簡單，在白天，總會有一些車來車往的聲音、一些白色雜訊進入你的腦子裡，干擾思考。這就是他們一定要斷社交的原因。

我來到加拿大後，沒有人知道我住哪兒，他們只知道我出國了，找我的人因此少了，而一旦找我的人少了，我的心就能靜下來了。在溫哥華這麼長時間裡，我特別幸福。每天早上起來，偶爾看看手機，處理一下別人發的訊息，然後在國內的人都陷入沉睡和夢鄉時，我可以一個人走到白石的海邊，去想一想這樣的文字能夠透過什麼樣的形式被錄到影音裡。

如果你看過我的影音，就會知道我幾乎沒有華麗的打扮，也沒有雜亂的修飾和剪輯，就是一個人坐在電腦旁邊開始講，直接錄製，內容就這樣越來越好了。

當你不優秀的時候，所有的社交都是浪費時間，不要浪費時間去混圈子，到頭來你會被圈子混了。同理，當沒什麼人認識你，或者當你不得不經歷一段低谷期的時候，厚積而薄發，平靜地努力，讓自己突然間有機會驚豔世人，這非常關鍵。

那篇文章寫在2016年，那年我20多歲。今年我34歲了，我還在寫作。如果問我是否還同意當年的看法，要放棄無用的社交嗎？我想說，我不僅同意，還要把這句話改一改：**要放棄大多數的社交。**

請恕我直言，大部分的社交，甚至80%、90%的社交，都是沒用的，這些社交只會給你增加麻煩，增加痛苦。

我的建議是，如果你不得不去處理同事關係，不得不去長時間見人，請一定要在每週、每月刻意留出一段日子，不要社交。你要去總結自己，寫作、思考、冥想、鍛鍊，這是非常好的積累能量的方式。

我不知道你是不是跟我一樣，在不停社交的情況下，當越來越多的人圍在身邊時，我並不會感覺到快樂，反而會感覺能量急劇下降，瞬間降到冰點。這個時候反而更需要找一個地方，才能再平和起來。

這就是為什麼我每到創作期都會有好幾個月不見人的原因。這幾個月都是我積累能量的時候。門一關，世界就是自己的。我能感受到這世界所有的美好，甚至能感受到血液和能量在身體裡流動。

我曾經跟身邊的朋友說：你越窮，就越應該斷社交。**不要去關心這世界上那些和你無關的事情，把注意力放在自己身上。**

你關心世界上所有的事，關心明星八卦，關心國際新聞，關心別人的事情，唯獨不關心自己。所以，越窮越應該思考一下，自己怎樣才能從這種狀態中走出去。不要跟誰聊天就大談特談國際大事，好像你能左右一樣。

曾經有個段子說，只要有一個中年人跟你吃飯，談到國際大事，這時候記住一句話：讓他說，你一句話不搭，趕緊把桌上的菜全吃了。因為他一旦開始說，就會忘記吃飯。你有沒有發現？他們從不思考這些事情和自己的關係，子彈沒有打到自己頭上，卻天天想像自己要衝鋒陷陣。這是一種什麼樣的心態？我也不知道。

當然，如果你有錢了，成功了，那更應該斷社交。作為一個過來人，我告訴你，來找你的人大多數是想蹭你資源，讓你請吃飯、喝酒的。這些人都是消耗你的人，哪怕他們不請你，你不請他們，時間久了，這些人也會在你身邊蹭著你的運氣，最終把你的運氣分走。你的大運就這麼十幾年，人生能有幾次大運？這些蹭你大運的人，天天在你旁邊晃，干擾你，你的運氣只會越來越差。所以，藏富非常重要。不要告訴別人你有錢，也不要說你很厲害，你就是個普通人。

尤其在這樣一個社會裡，不要展現自己比別人過得好，默默地讓自己有點錢，有點能量，厚積薄發，多好。你會發現，一個人的能量真的是透過修煉、透過斷社交來積累到某一個峰值，等你釋放的時候，狀態會更好。如果你有一段時間不出來，有一段時間不去見人，這段時間千萬不要浪費，**平靜且堅定地努力，最後你可以驚豔到很多人。**

當然，我今天要說的不只是讓你斷社交。很多人把斷社交理解成不社交、理解成不要再見任何人，這樣是不對的。

我曾經說，如果你迷茫了就走出去，多去見一些弱關係的人，他們能夠治癒你的迷茫。有個方法非常關鍵，叫「半小時原則」。每次見陌生人，只給半個小時，不要閒聊。很多人約見喝茶，喝了一頓又一頓，啥也沒談成，這種無效的下午茶是浪費時間。我見到任何一個陌生人，都會先給他5～10分鐘，這5～10分鐘如果能抓住我的注意力，再繼續聊半小時。

最後給大家一個建議：多打電話。手機是現代社會最偉大的發明之一，你不用非得每次面對面聊事。我最喜歡一邊走路一邊打電話，開會也好，處理事情也好，這樣既鍛鍊身體，又不會浪費時間，還能保持高效。

酒桌上不一定要喝酒

我鼓足了勇氣才敢講這個話題。

坦白講，我非常反對年輕人繼承某些糟粕，而酒桌文化正是其中之一。請允許我先把這個觀點提出來。之所以必須講這個話題，是因為很多時候都避不開。避不開的原因在於，確實很多老一輩人習慣在酒桌上談生意、聊細節、談機會。這些內容在公開場合可能都不會被提及。

有人說「酒後吐真言」，但我認為酒後吐露更多的是情緒。比如，一個男人醉酒後說「我愛你」，他可能並不是真的表達愛意，只是酒精把情緒推到了那個點。同樣，很多所謂的「酒後真言」也並非真話，他們只是借著酒勁說出了情緒化的話。

所以我有一個原則：在酒桌上不談事，就算談了事，也是不一定的事。

我們首先要承認，如果老闆或重要人物邀你喝酒，他確實想在酒桌上向你透露一些事情，這些往往與資源和機會有關。所以，如果你決定不再參加任何酒局，就要做好你與這些資源可能無緣的準備。

演藝圈裡有個不成文的規矩，很多機會都不是在正式場合分配的。一些資源掌控者習慣在私人場合，比如飯局上看人選角。這種情況在圈內太常見了，很多新人為了獲得機會，不得不參與這樣的場合。

有時候，一個簡單的飯局就能決定一個演員能不能得到重要角色，能不能有機會和一線演員搭戲。表面上看演員選角是靠實力說話，但實際上往往跟這些非正式場合有關。這種現象不僅影響了行業的公平性，而且讓很多真正有實力的演員失去了機會。說到底，這樣的潛規則對整個行業的發展都不是好事，但由於利益關係，這種現象一直都在持續。

在文化圈待了很長時間後，我慢慢發現這裡有個有趣的現象：表面上大家是在搞文化創作，實際上很多時間都花在了飯局上。更讓人意外的是，很多重要的選題和項目，竟然就是在這種場合隨隨便便定下來的。這種情況已經成了圈內不成文的規矩，讓人不得不感慨所謂的「文化圈」究竟是在做什麼。

聽圈內的朋友說，現在網路劇和網路電影的主要角色，很多都是在飯局上確定的。這就意味著，演員要想得到好的發展機會，光有演技還不夠，還得會處理這些場合。結果就造成了一個怪現象：真正有實力的演員可能因為不擅長應酬而被埋沒，反而是那些深諳此道的人容易得到機會。這也難怪現在很多觀眾都在說演員品質直線下降，說到底，這種不正常的選拔方式影響了整個行業的發展水準。

不過，我並不想鼓勵大家上酒桌。我要表達的是：**人生是一個過程，可能一開始你不得不上酒桌，但隨著時間推移、經驗積累，你需要樹立自己的價值觀和規則**。否則，你就會永遠活在他人的體系裡，聽命於人，成為一個木偶，失去很多可能性。

記得有次和相聲演員曹雲金喝酒，我們都感嘆，曾經我們是屁股對著門的無名小卒，必須敬每個人酒。而現在，我們可以選擇不喝，甚至在酒桌上不喝酒也能把事情說清楚。曾經沒人聽我們說話，現在有人願意花錢來聽我們說話。

我對酒桌文化的理解是，它本質上是一種碾壓文化，是身分高的人對身分低的人進行的精神壓制。如果你抓住這一點，就會明白，酒桌上那些教你如何敬酒、怎麼遵循規則的人，本質上是權力的掌控者。我非常不喜歡酒桌文化，誰坐在哪個位置、敬酒時酒杯要低多少，都是權力象徵。在飯桌上，有權力的人說什麼都是對的；而沒權力的人，無論怎麼表現，都是有問題的。

接下來，我想講兩個酒桌上的故事。

第一個故事是，有一天我吃了抗生素，不能喝酒。我心想，這次酒局可能會很難熬。大家喝到一定程度時，都會有些醉意，開始胡言亂語、胡亂敬酒，而我不能喝，就很容易被忽略。但那次飯局，我意外地成了大家關注的焦點，而且大家都很尊重我。原因很簡單：我為他人提供了價值。首先，我給大家倒酒、夾菜；其次，我活絡氣氛，給大家講段子；每當有新來的人，我都會介紹給大家認識。

雖然那天我沒喝酒，但我像是飯局的主持者。最後，我主動買單，雖然我喝的是水，但我還是說「下次一定還你們這杯酒」。我還幫喝醉的人叫了車，安排大家安全回家。這讓我意識到，在酒局中，不喝酒也可以贏得尊重，前提是你提供了價值。我也遇到過一個朋友，他不能喝酒，但在飯桌上把每個人都照顧得很周到，提供了很多價值。最後他主動開車送老闆回家，把老闆安全送到家門口。老闆的妻子開門看到這位朋友，說：「小張真不錯！」這下子，小張就成了自己人。老闆的妻子經常問他：「老闆今天沒喝多吧？」結果，小張第二年就升職加薪了。原因很簡單，他是老闆的「自己人」。

在酒桌上，不一定要喝酒，但你要懂得提供自己的價值。這是我分享的第一個故事。

第二個故事是關於一個山西大哥，他一晚上都不喝酒。大家一開始數落他，甚至故意刺激他：「山西人哪有不喝酒的道理？」結果大哥機智地回應：「兄弟，喝酒有害健康，咱們不如喝醋吧。」然後他端起一碗醋，豪爽地一口喝完，所有人都看傻了。

他說：「我們山西人愛喝醋。」很快，飯桌上一半人都跟著他喝醋。他不僅巧妙避開了酒，還順勢推銷了自己公司的醋品牌。飯局結束時，大家每人都帶了兩瓶醋回家。

這個故事告訴我們，酒局上不一定要喝酒，但你得有辦法提供自己的價值。

管理學大師彼得・杜拉克說過：「在動盪的時代，最可怕的不是你做錯了什麼，而是你依然用過去的方式應對新時代。」現在的酒桌文化裡有太多糟粕。我看到抖音上有一群中老年人天天教年輕人怎麼敬酒，我覺得非常不適。更讓我難過的是，很多年輕人也學得油膩至極。

比如，我遇到過一個1999年出生的男孩，表現得特別油膩；還有一個1999年出生的女生，敬酒的手法和話術簡直就是從同一堂課學來的。他們學這些所謂的「敬酒禮儀」，本質上就是讓自己牢牢處在權力體系的下端，服務和討好他人。

我錄過一個影片，說年輕人不需要老年人教我們怎麼敬酒。我們應該有自己的喝酒方式。就像我們知道茅台很貴，但我們可以透過實際消費，改變茅台的規則。我們不必在飯桌上遵循老一輩只喝茅台的規矩，可以打破這個規則，建立自己的規則。

最後，我想說：酒桌上有很多糟粕。在現階段，你可能無法完全避免，但你要學會自保。**隨著我們這一代人的成**

長，你必須努力成為不依賴酒桌規則的人。成為制訂規則的人，而不是受規則束縛的人。

我現在依然會參加一些酒局，但我可以不喝酒，甚至可以要求不強迫他人喝酒。我可以制訂自己的規則，讓自己在飯局中感到舒適。

總之，人生的成長軌跡，就是打破舊規則、建立新規則的過程，不斷進化。當你能建立起屬於自己的規則時，你就會獲得更多自由。

遊刃有餘的前提是學會「脫敏」

這章我們說的是人脈，也就是各種各樣的關係。人世間有很多痛苦，其中最痛苦的莫過於關係的糾結。解決關係上的痛苦，有兩句特別有效的話，第一句是「關你啥事」，第二句是「關我啥事」。

我曾經很長一段時間在關係中都找不到自己，直到讀到法國存在主義哲學家沙特的那句話：「他人即地獄。」只要和他人在一起，就會感受到地獄般的折磨。

所以，這裡我想和大家聊聊，在這些關係中，我們應該如何做到自洽。請不要小看自洽這件事。

自洽可以分為兩個部分：第一，不得罪別人，讓別人舒服；第二，不得罪自己，讓自己不難受。比如在職場，如果不幸從事了一份自己不喜歡的工作，已經很難受了，要是上司和同事還跟你合不來，那就更難受了。生命中最好的時光，每天至少8個小時都是在工作中度過的。如果處理不好關係，這會是多麼讓人痛苦的事。

作為一個在職場摸爬滾打多年的「老人」，我有一些建議。這一節中，我想先和你分享如何在職場中與討厭的上司相處。這也是大家問得最多的問題之一：直屬上司不喜歡我，我也不喜歡他，怎麼辦？

首先，當提到「上司」這個詞時，就不得不進入我非常討厭但無法迴避的「政治學」領域。所謂政治，就是人和人之間的關係。在職場上，人與人的關係看似不重要，但一旦公司規模大了，「政治」就隨之而來，各種複雜的問題也會接踵而至。

關於職場，請注意以下幾點：

第一，在職場的人際關係中，你一定要學會「脫敏」。

什麼是「脫敏」？我曾經做過電話銷售實習。作為一個靦腆的人，我特別不擅長賣東西。但有趣的是，當打完10通電話，其中8個被拒絕後，我驚訝地發現自己不再緊張了，甚至感覺打電話的那個人不是自己，而是另一個人。這就是「脫敏」，不再在意、不再害怕。

在生活中，你一定要學會脫敏。尤其在工作中，更要具備鈍感力。渡邊淳一的《鈍感力》在華人圈的火爆程度可能超出了作者的預期。所謂鈍感力，就是不要太在乎別人怎麼說。很多人內心敏感，上司說一句話，或者同事隨口一句話，都要琢磨半天，覺得全世界都在針對自己，其實大可不必。鈍感力就是「今朝有酒今朝醉」，我管這叫「不置氣」。面對合不來的上司時，「脫敏」尤為重要。

第二，要學會槓回去，不能讓自己成為軟柿子。

千萬不要小看這一點，職場本身就是一個小社會。我在職場多年的最大感悟就是：人善被人欺。如果你是個特別好說話的老好人，每個人都會覺得能踩你一腳。心理學上有個著名的「破窗效應」，說的是一旦有人看到你車上有一塊破損的車窗，接下來整輛車都可能遭到破壞。但是，如果你能在被攻擊時適時回擊，哪怕就一次，其他人發現你不好欺負後，下次就會三思而行。

我在寫小說《刺》時，研究過校園霸凌，發現一個人一旦失去社會支援，沒有社會關係，就很容易遭受霸凌。而且每個人都可能參與霸凌，因為沒有社會成本和後果。這也是留守兒童容易受到暴力欺凌的原因。

職場也是同樣的道理。如果你想警示上司，最好的方式是讓他知道你不好惹。否則，他會持續把你當軟柿子捏。我之前和一個00後聊天時，他說上司不敢輕易招惹00後，是因為網上有太多00後「整頓職場」的影片。其實，很多00後並不會真的整頓職場，但上司看了這些視頻後，生怕自己也像影片裡的人一樣下不了台，故而會特別謹慎。

第三，工作留痕。

如果你和上司已經有了矛盾，他開始事事針對你，請記住這四個字：「工作留痕」。避免發語音，減少見面聊天，多用郵件或LINE溝通，確保你做的所有事情都是按照他的思路進行的。因為一旦事情出問題，上司很容易甩鍋。實習生、普通員工之所以總是倒楣，就是因為工作沒有留痕。

要記住，職場中越是底層的人，越容易背鍋，因為上司認為他們的工作沒有太大成本，更換他們也沒有多大代價。聰明的人會學會留下痕跡，尤其是上司交代的事情，要明確記錄這不是你的主動決定，而是上司的指示。

第四，積極主動地彙報。

當上司和你不和時，可能會在工作上刁難你，你可以透過主動彙報化解難題。比如說：「上司，您交代的任務我已經完成了，您看是否符合您的要求？」透過這種積極主動的方式，讓上司無話可說。

當上司問你怎麼想時，請記住：職場上的你沒什麼想法，你就是個「工具人」，你要問上司：「您是怎麼想的？我按照您的意思來。」誰教他是上司呢！不要過分強調自己的想法，上司的想法才是最重要的。

第五，面對PUA別走心。

有些上司喜歡打壓下屬，說下屬笨、能力差，卻不提供解決方案。給你一個建議：裝傻。如果上司說你笨，你可以反問：「上司，我哪裡做得不好？」讓他把問題具體指出來，把對人的攻擊轉化為對事的討論。

要做到不卑不亢。再次強調第一條：學會「脫敏」。上司說你笨，不代表你真的笨。他可能只是在發洩情緒，你沒必要計較或生氣，那樣反而會讓自己不舒服。

很多年輕人剛入職場，被上司說一句「笨」，可能會記很久，甚至去做各種測試，懷疑自己是否真的笨。其實，完全沒必要！記住，你只是來打工的，上司說你笨，你可以把問題拋回給他：「我哪裡沒做好？」這不是甩鍋，而是自我保護。

第六，請你一定記住：騎驢找馬。這在任何行業中都是極其重要的。

一旦你和上司產生矛盾，甚至他開始頻繁表示對你的不滿時，被調職或離職只是時間問題。他之所以暫時沒動你，可能是因為時機不成熟，或者你與公司其他業務或人員有聯繫，他暫時不方便動手。時機一旦成熟，他就會採取行動。

所以，你不如抓緊時間騎驢找馬，同時也在提醒上司：失去你，他的業務可能也會受影響。沒有你這樣的人才，他很難找到相當稱職的替代者。這樣他可能會對你態度好一些。

把這六條總結成一句話：在職場中，一定要學會博弈，學會制衡。這是保護自己的方式。

在這一節結尾，請允許我說一句話：祝你這一生永遠沒有上司，祝你永遠是自己的上司。

不要跟同事成為朋友

我寫過很多關於如何與同事相處的文章，如果你對此特別煩惱，可以去看我寫過的一本書，叫作《1小時就懂的溝通課》。我在裡面講了很多關於同事關係的內容。但這章既然講到關係，自然也避不開同事這個話題。

我今年34歲，身邊已經沒有太多傳統意義上的同事了。我的同事更多是「數位同事」，因為我現在人在溫哥華，而同事們散佈在全國各地，不用見面也能一起工作。這是一種全新的交流方式，人與人之間以完成任務為目標，把事情做好，順便互相認識，不需要刻意經營關係。在漫長的時間長河裡，我們有過彼此相識的證據——一件事情的結束與結局，這樣就很好。

但在過去很長一段時間裡，我都要長時間地和各種人相處。

仔細回想後，我總結出一句核心思想：和同事之間要有「一杯酒的交情」。這句話含義深刻，因為「一杯酒的交情」意味著不要喝多。喝多了，什麼都容易說出口，喝多了就變成朋友了。不要跟同事成為朋友，因為一旦成為朋友，什麼都說，最後就什麼都被人知道了。同樣，也不要一杯酒都不喝，因為如果一杯酒都不喝，那你們的關係就會變成赤裸裸的同事關係。

所以，我建議你在職場裡要學會「喝一杯酒」，哪怕酒量很差，喝一杯無酒精的也行。因為職場多少還是得帶點感情的。沒有感情的職場，既顯得冷漠，效率也會低下。

現在，00後逐漸進入職場，他們追求的不是80後想要的結果，或90後想要的認可，他們更看重的是：在與人合作的過程中，自己能否開心。而我說的「喝酒」並不一定是字面上的喝酒，也可以是工作之外的任何互動，比如一起做些有趣的事。

接下來我列出幾條與同事相處的建議，希望對你有所幫助。

第一，不要在背後議論別人，也不要和那些喜歡背後議論別人的人走太近。

雖然說別人壞話能夠迅速拉近你和他人的距離，就像我們常說「朋友就是有共同敵人的人」，但不建議你在背後說人壞話，為什麼呢？

因為你對任何人說的話，最終都會傳到別人耳朵裡，特別是當你還加上一句「千萬別跟別人說」。《麥田捕手》裡有句話，大意是：如果你說了別人壞話，請加一句不要讓別人知道，但是，一旦你說出口，全世界都會知道。那些在你面前說別人壞話的人，也會在別人面前說你的壞話，因為這就是他們的生存方式，改不了的。遠離這種是非之人，保持距離，交淺言深，要慎重。

我第一次參加工作時，遇到一個只有一面之交的人，他卻恨不得把他祖孫三代的細節都告訴我。遇到這樣的人一定要小心，因為他完全不瞭解你，卻什麼都願意告訴你，這樣的人要麼在撒謊，要麼隱藏著更大的秘密。沒有人會這麼輕易地敞開心扉的。

第二，不要掏心挖肺，凡事藏著點。

這不僅是職場和同事的溝通之道，也是與世界上任何人溝通的基本原則。少講知心話，把事藏在肚子裡，不要把話說滿。不管面對誰，你以為把所有的痛苦、難過、弱點都告訴別人就會贏得尊重嗎？不會的。恰恰相反，你就像一張透明的白紙，別人只會覺得你好欺負。我現在已經學會了，哪怕面對最親近的人，也會保留10%～20%的話不說出口。即使面對父母和家人，我也會選擇把很多話留在心裡。

成長的過程就是逐漸明白，有些話只能對自己說。更何況，如果你什麼都說，反而會給人輕浮的感覺。謹言慎行，才能贏得別人的尊重。

第三，利益至上。

請把這四個字記在心上。在職場中，當一件事損人不利己，或者不符合自己的利益時，不管你和對方關係有多好，都要堅決抵制，維護自己的利益。平時怎麼相處都行，團建時可以笑嘻嘻的，但一旦涉及自身利益，千萬不能退讓。你來職場是為了賺錢的，連本都賠掉了，還談什麼呢？

職場中，很多人工作久了就忘記了利益至上的核心原則，被各種瑣事分散了精力。所以，保持界限感非常重要。一旦涉及利益，別人總是會找那些好說話的軟柿子捏。比如，有人讓你加班幫忙，影響了你個人的計畫，但你心軟答應了，結果自己的利益就被損害了。記住，你首先要守護的是職場中的利益。

第四，「脫敏」。

千萬不要因為同事的一句話而徹夜難眠，反覆琢磨。我在上一篇中也提到過，面對上司要「脫敏」，面對同事更要如此，尤其是那些挑剔、找碴的同事。記住，他們並非針對你，只是人品差而已。**在職場中，你要有鋒芒，否則你的善良一文不值。**

我還記得發生在小時候的一件事。那時我拿著兩塊五毛錢走在街上，看到一位可憐的媽媽帶著孩子在路邊乞討。那個年代還沒有掃碼支付，大家都用現金。我看了他們很久，那年我大概才六歲，我拿出五毛錢放進了她的碗裡，結果那名乞討者卻說：「你為什麼不把兩塊錢也給我？」這件事對我影響很大，我憤怒地將兩塊錢裝回口袋，並把那五毛錢也拿了回來。

這之後我意識到，善良必須有底線，否則毫無價值。尤其在職場中，一定要有底線，要記住利益至上，別怕得罪人。

第五，不要討好別人。

你可以具備高情商，但無須討好他人。這個世界不會因為你的討好而對你更好。人們尊重你，不是因為你是個討好型人格，而是因為你足夠強大，值得被尊重。

第六，同事是最熟悉的陌生人。

你們可以聊一些新聞、八卦，但不要過多談論自己的事情。別把話題談得太深入，否則到頭來，你可能會成為全公司議論的焦點。

最後，我想總結一下。如果你現在仍在打工階段，不得不面對同事之間的紛擾並感到困擾，那我送你一句話：這只是一份工作而已。如果你必須為了謀生繼續做這份工作，那就儘量在保住自己利益的前提下，多學習知識，多結識朋友，提升自己。

工作之外，你這一生還有很多可能性。你一定要做一件屬於自己的事情，用心去做，為自己的目標而奮鬥，才能贏得財富。因為財富只會留給那些有強烈個人意志的人，它是對努力實現理想、努力改變世界之人的嘉獎和鼓勵。

做好自己才能彎道超車

在前面的章節裡，我就談過身分和地位，這一節我想和你更進一步地聊聊「身分認同」這個詞。

所謂身分認同，更多時候是指認同內心深處的自己。你要如何認同真正的自己？如何接納自己的缺點、負面情緒和不足？

我從一個故事開始講起。我曾經有個女朋友，她非常討厭我愛喝酒這個習慣。我不知道為什麼，總覺得酒是我無法抵抗的靈感來源（非常不推薦年輕人學我）。雖然我知道喝酒不好，但有時候為了多喝點酒，我甚至第二天會跑個10公里散散酒氣。並不是為了健身，而是為了晚上可以再喝一點。

因為我的這個習慣，我們吵了很多次。有段時間，她甚至說：「我真的不想以後和一個酒鬼在一起。」

我回答她：「我這人沒什麼缺點，不愛打遊戲、不抽菸，沒有不良嗜好，就愛喝點酒。喝完我也不鬧事，為什麼就不能原諒我呢？你很少見到一個喝完酒就睡覺的人。而且我說那些浪漫的話，不都是喝完酒之後才有的嗎？」

她卻說：「但我就是不喜歡你喝酒。」

我們因此吵了很久。雖然我知道她想要一個十全十美的男人，但我確實做不到。我也曾嘗試為她戒酒，但在戒酒的日子裡，自己都很討厭自己。我再也說不出感動她的話，也寫不出有情緒的好文章。

後來我們還是分手了。她對我說：「你戒不掉酒，那我們就分手吧。」我不知道她是認真的，還是只是在氣頭上。但那天晚上我想明白了一件事。我寫了一封很長的信，具體內容我已經記不清了，主要是對這個時代的控訴。

我在信中說：「你們有沒有考慮過我是怎麼走到今天的？從體制內的佼佼者，到商業圈的新人，再到如今事業小有成就，沒有人帶我，我是靠著喝酒才走過來的。我沒有什麼愛好，可能唯一的愛好就是喝酒。但這個喝酒的習慣讓我很痛苦，因為它本身並不是一個好習慣，而是我一步步攀爬時刻在我身上的烙印。我不得不喝酒。如今我終於不再需要應酬喝酒了，但它已經成了我生命的一部分。即使到今天，我也不會勸別人喝酒，我只是默默地自己喝。喝多了我就睡覺，我有傷害過誰嗎？可當我需要救贖的時候，你又在哪裡呢？」

這封信本來想作為分手禮物給她，但最後還是作罷。我決定把這封信放在這本書裡，估計我再也不會見到她了。

分手之後，我和父母住了一段時間，那時我覺得自己完了，覺得這輩子戒不了酒了。我嗜酒如命，該怎麼辦？

分手後，我也嘗試戒酒。

最初，我強迫自己裝作沒看到酒，誰叫我出去喝酒我都拒絕。我以為時間過了很久，但實際上才過了三天，我就忍不住又開始喝酒了。就像我現在，也是喝了點酒才寫下這些文字的。慢慢地，我明白了，我知道我是誰，我接受了自己所有的優點和缺點。我必須接納自己的缺點，才能真正認同自己。因為每個人都會接受我的優點，但那些因為缺點而不認可我的人，自然也不會享受到我更深層次的優點。

後來，我又交了一個女朋友，她特別喜歡我喝酒後給她寫的情詩。我寫了好多，之後我還因為自己的詩寫得好，拿到了詩歌協會的會員資格。這些情詩我不會發表，因為它們是專屬她一個人的。

我走了很長的路，才建立起了自我認同感，這一路並不容易。我想告訴大家，**你的缺點也是你的一部分，即使別人不認可，甚至是你最親的人不認可，你也要學會接受**。一個完整的自己，就是有光明也有陰暗。有了正面，才有反面。如果你要認同自己，就必須接受自己有缺點。別人怎麼看，那是別人的事。

在我30歲之前，我有許多欲望、缺點、麻煩和恐懼，我都不敢承認。之所以不敢認同，是因為從小到大，我的這些缺點從未被父母認同過。人要相信自己的價值，相信自己的內心，這一點很難。因為人是社會性動物，很容易被別人的評價左右。我很慶幸自己在22歲時寫了第一本書，24歲時賣了300萬冊。成名給我帶來一個特別大的好處，就是我經常在網上看到有人罵我。起初我會覺得很難過，覺得他們罵得不對。後來，我也不再難過了。我看到那些誇我的人，他們誇得也不對。那些誇讚和批評，都是他們想像中的我。

我慢慢理解到，創作者和表達者必須接受被誤解的結果。

漸漸地，我明白了一個過程：**從他人認可我，到我認可自己，再到我認同自己就行了**。這樣，人就開始獲得自我意識了。

我見過很多家長控制、打壓孩子，讓他們逐漸失去成為獨立個體的可能。我小時候也經歷過這樣的日子，尤其是在軍校就讀時，那裡要求你不能有自我，減少一切欲望，任何為自己考慮的行為都會受到譴責。

但後來我發現，如果一個人不為自己活著，還能算是真正的人嗎？人可以相對自私一點，因為只有這樣，你才能逐漸發現自己的缺點，瞭解自己的欲望，認識自己的不足，進而接納自己的需求。

人生這麼短，你有沒有花幾天時間，不受他人評價的影響，去想清楚自己到底想要什麼？我們大多數人都在自我壓抑，這種壓抑很多源自童年，更多來自成年後的自己。就像在職場中，你從來沒有提出過自己的訴求，連薪資都是別人定的，那你又如何成為一個獨立的個體呢？你從來沒有認真思考過自己要什麼，或者根本不敢去想。

當你看到這裡時，我請你合上書思考一下，你到底想要什麼？接著再思考，你要如何獲得它？這並不容易。也許你想要的東西一直被人鄙視，甚至被最親近的人鄙視，但這就是真實的你，對嗎？

直到今天，我身邊還有一些特別愛喝酒的朋友，我總是開玩笑地說：「那些不喝酒的人，日子真的好難熬。他們哪知道我們能看到、聽到和想到多少超出常規、打破規則的東西。」

直到今天，我已經不太在乎網上那些批評我「李尚龍每次寫作都是喝了酒才有狀態」的聲音了。這就是我生活的一部分。我的生活中還有其他缺點，漸漸地，我也接納了它們。這種接納就是身分認同的一部分。

如果一個人喜歡什麼，從來不說，想要什麼從來不表達，討厭什麼也不表達，那麼他的身分認同就近乎為零。「他是誰」會變得越來越模糊，與外界碰撞不出任何火花。外界如何塑造他，他就會變成什麼樣。你不敢接受自己的喜好，不敢反對自己討厭的事物，最終只會讓自己變得無比痛苦。

一個沒有自我作為土壤的人，怎麼可能在這片土壤上長出自己喜歡的花或期待的樹呢？

我請教過很多心理學家，這樣的自我認同越早建立越好。因為一旦建立，它將會伴隨終身。如果你有孩子，要讓他們及早地明白自己是誰；如果你沒有孩子，你依然是個孩子，今天就是你最年輕的一天。你要開始建立自己的壁壘。你喜歡什麼樣的生活，就堅定地去追求，不要猶豫。你討厭什麼樣的東西，就儘量避免讓它出現在你身邊。

有人問我：「什麼時候該把孩子送出國？」我的答案始終如一：「當孩子知道自己是誰，當他們清楚自己是華人的時候，就可以送出國了。」這在國外被稱為「身分認同」。馬斯克17歲時離開南非去了加拿大，在那段時間裡，他對科技的興趣開始萌芽。李飛飛，AI界的翹楚，16歲從成都去了美國，經過一段打工生活後，逐漸找到了自我。黃仁勳9歲就完成了身分認同。你要知道自己是誰，只有知道自己是誰，才能逐漸接納自己，成為真正的自己。

還有一個人我特別想提一下，叫歐陽萬成。他的脫口秀非常厲害。他在香港生活到10多歲後移民美國。他的母親告訴他不要和華裔交朋友，否則還不如回香港。剛入學時，他努力模仿黑人說話，試圖融入白人群體。直到成名後重返香港，他才意識到那裡才是他真正的根。在自傳中，他寫到自己再也不用裝成某個族裔的人。雖然拿了美國國籍，但他的根始終在亞洲。他不再迴避自己的亞洲人身分，也不再刻意迎合他人的期望。他就是他自己。在那一刻，他想起了曾經確立的身分認同。

很多人認為人生目標就是賺很多錢，但隨著年齡增長，你會發現賺錢只是過程，是實現自我、獲得幸福、達到成功的必經之路。如果你只把賺錢作為目標，可能永遠不會建立真正的自我認同。那些來路不正或為錢付出巨大代價的人，往往缺乏自我認同。他們的靈魂被金錢侵蝕，失去了最寶貴的東西。這樣的例子比比皆是。

所以，回到本節核心的主題：你要如何認識自己？這可能是你終其一生都需要追問的問題。

也許今天你還沒有答案，但要繼續追問，持續探索。不要害怕讓他人知道真實的你，勇敢說出自己的想法。久而久之，你就不再害怕告訴別人你是誰了。

要告訴他人你的喜好，比如我，就是不吃辣，喜歡喝酒，不願被人稱作老師，希望每個人都能真誠相待。不在乎別人有多少錢，更看重他們是否願意真心跟我交朋友。

你看，我也寫著寫著就把心裡話說了出來。**我不怕你不喜歡我，但首先我要喜歡自己，這就是身分認同。**

在這個世界上，會有無數的人喜歡或討厭你。請永遠記住這句話：你要先完成自我的身分認同，先學會喜歡自己。只有你喜歡自己，這個世界才會多一個愛你的人，那個人就是你，而你就是全世界。勇敢一些，世界會給你更勇敢的回應。

這一生，你不是為他人而活，要為自己而活，哪怕只有一天。在AI時代，這樣的堅定與勇氣反而會讓你活得更特別，人生也更有意義。

精簡社交才不會有社交疼痛感

這些年，很多人都問過我關於生活、社交該做加法還是減法的問題。一開始我不知道怎麼回答。直到有一天，我靜下來思考，回想起24歲那年一個夏天的深夜。當時我抬頭看著滿天的繁星，望著蔥綠的樹葉和懶散的白雲，突然想起之前看到的一個影片，一位老師說：「30歲之前，要拚命給自己做加法；30歲之後，要為生命做減法。」

2024年，我34歲了。在30歲那年，我寫了一本書叫《三十歲，一切剛剛開始》。書名的含義是，即使你在30歲之前沒有做完加法，30歲之後依然可以繼續做加法。影片裡老師的理論和邏輯是對的，但年齡的界限並不準確——**30歲只是一個數字，你可以在任何時候做加法，也可以在任何時候做減法。**

原則很簡單：先加後減。只有先做完加法，才能夠做減法。因此，網上那些鼓勵你做減法、斷捨離的人忽略了一個重要前提：你必須先有得減。如果你沒得減，那你減什麼呢？

我在30歲之前刻意做過很多加法，甚至到了30歲之後，還在刻意增加生命的多樣性。比如，我曾經一個晚上參加三個飯局，每個都不耽誤，馬不停蹄，一晚上加了十幾個人的微信。但這種生活讓我極其痛苦，因為在某個深夜，望著星星思緒萬千時，我突然明白了一個道理：**頂級的活法就是少即是多**。我不太願意用「斷捨離」這個詞，因為它已經被用爛了，連山下英子都說，她想表達的斷捨離不只是丟東西。我很欣賞劉震雲老師對斷捨離的理解。他說：「斷捨離」不是簡單地扔東西，而是斷掉自己的煩惱，捨棄不必要的物品，離開那些不是真正朋友的人。這才是真正的斷捨離。

此刻，我想和正在看這本書的你分享一下我對斷捨離的看法。

第一，東西該扔，但要分情況。

人不能一直扔東西，那真的是一種浪費。那麼，什麼東西該扔呢？我有以下幾個見解：

- **一年都沒用過的東西可以扔掉**。這裡的「一年」不是指具體的時間，而是指長期不用的東西。比如，我買過一個特別喜歡的遊戲機，以為自己會一直玩，但因為創業和工作，我一年都沒碰它。於是，我果斷在網上賣掉了它。後來，我不再創業，閒暇時間多了，我後悔賣掉遊戲機了嗎？不後悔，因為它出了新版，我可以買新版。

- **不需要的東西就不要留著**。這裡的「不需要」指的是當下不需要。很多人擔心未來會不會再用到它。比如有個媽媽，把兒子的所有衣服都留著，想著萬一有二胎可以用上。結果三年後，她生了個女兒，最後還是把這些衣服清理掉了。當下不需要的，未來大概也不會需要。
- **讓自己不舒服的東西，要堅決扔掉**。任何讓你感覺不舒服的東西，都不要留。
- **不心動、不感動的東西要捨棄**。我曾特別喜歡一卷卡帶，它伴隨了我的青春期。我為了這卷卡帶，在不需要收音機的年代，又買了一台新的收音機。但隨著年歲增長，這個歌手的音樂不再讓我感動，甚至他後來爆出了醜聞。我知道這卷卡帶不再給我情感上的支持，於是果斷丟掉。當然，如果我再想聽歌，打開YouTube、Spotify都可以，沒必要囿著自己不再感動的東西。
- **不適合的東西要放手**。當一個東西不再適合你，它就不再屬於你了，要勇敢說再見。

第二，所有的關係也是如此，該扔，但要分情況。

關係和物品一樣——如果一年沒聯繫，當下不需要，讓你不舒服、不心動，覺得不適合，那就應該勇敢告別。你不勇敢告別，它就會變成你的負擔。

第三，一切都是如此，人要越活越「淡」。

「淡」這個字由三點水加兩個火構成，水火相融，才是淡。如果只有水或只有火，生活大概會陷入水深火熱之中。但如果水火相容，生活反而會更加平衡適度。

什麼叫淡？

- **說話要淡一點**。不該說的話少說，病從口入，禍從口出。不要把同事、老闆的話太當真，父母說的話左耳進右耳出，別內耗自己。遇事不慌，慢慢來，三思而後行。
- **飲食要淡**。吃得少一點，每天七分飽。適當輕斷食，不讓油膩的食物成為生活的負擔。
- **穿著要淡**。簡單大方，不必穿金戴銀。你看那些科技大佬，誰不都是一件衣服穿好多年？其實，他們不是沒錢買新衣服，而是不願意把精力浪費在不重要的事情上。
- **社交要淡**。放棄無用的社交，追求高品質的交往。社交少而精，生活才不會被瑣事壓垮。

第四，整理自己的東西。

我的建議是，每週至少留一兩天時間抽空整理物品。如果可能的話，每天花30分鐘整理自己的東西。透過整理物品，你可以反思自己當年為什麼買它，透過丟東西去告別過去那些沒有意義的事。

不要小看這個動作，它能夠幫助你與過去和解。每週我都有一到兩天時間丟東西，透過這個過程，我能清楚地回憶起物品背後的故事。很多人欽佩我的寫作能力，實際上，這並非天分，而是我透過講故事與過去告別，讓自我更加通透。

很多偉大的作家，尤其是寫得好的作家，往往活得很通透。因為講故事的過程，實際上就是和過去告別、做減法的過程，這讓人變得更加清晰和自由。

高配得感換來高配人生

這一節我想和大家聊一個詞，叫「配得上」。這個詞是我在很長一段時間內對自己的思考和總結。

我先從一個故事說起。

我是個非常節儉的人，節儉到什麼程度呢？只要我確定某樣東西是最好的，尤其是從內心深處覺得它是最好的，我就會迴避它。寧願選擇第二好的，也不會選那個最好的。這個想法讓我感觸很深。

剛到北美時，我想買一款耳機，這款耳機的價格是300多美元，我非常喜歡它。但我左思右想，覺得耳機這種東西能用就行。我猶豫了很久，最終買了一款220美元的印度產耳機。

走在路上，我突然開始思考：這款耳機和我心目中最好的那款究竟有什麼區別？於是，我折返回去，詢問店員兩款耳機的區別。店員告訴我，300多美元的那款有降噪功能，而我買的這款沒有。我愣住了，想了很久，最後決定打破自己的固執想法：「給我換那款最好的。」

那天，不知為什麼，我感覺自己的力量一下子聚集到了胸膛，渾身彷彿突然充滿了力量。那天晚上，我在日記本上寫道：「尚龍，從今天開始，不要再壓抑自己的需求。」

我們生活在一個長期壓抑需求的環境裡，從小就被教育要控制欲望、控制需求。但自從來到北美，我才發現，這裡的孩子是被允許開心、允許表達的。他們可以告訴父母自己想要什麼玩具，想過什麼樣的生活，甚至想幾點睡覺——一切都是可以商量的。

有意思的是，由於我們長期壓抑自己的需求，等到長大後，許多需求反而不好意思表達了。即使像我這樣已經賺了一些錢，足夠養活自己的人，也會經常問自己：「我真的配得上這些東西嗎？」

再講一個故事。這個故事對我來說感觸也很深。

剛大學畢業的時候，我雖然囊中羞澀，但青春得朝氣滿滿。當時，我參加了一場英語演講比賽，遇到兩個女生。第一個女生各方面條件都更好，但我想了很久，覺得自己配不上她，於是我選了第二個女生，很快她成了我的女朋友，不過很遺憾，最後我們還是分開了。有趣的是，過了很長時間，我又見到了第一個女生。她已經結婚了。我們找了個地方吃飯，她問我：「尚龍，為什麼當時你選了她沒選我？」我才知道當時她對我也有意思，本來可以雙向奔赴，卻因為我的不自信而沒有踏出那一步。

後來，我的生活狀態發生了很大的變化。我開始覺得自己配得上這個世界上最好的東西。如果有一天我突然感受到不配，我就會對自己說：「我配得上，我一定配得上。」沒有誰比我更配得上過更好的生活。

再後來，我在網上看到一個詞，叫「高配得感」。雖然我不太喜歡這個詞，覺得它是個造出來的概念，但背後的邏輯是對的：請你一定要重複一句話——**你配得上優秀的生活，配得上優秀的人，配得上優秀的一切，配得上所有好的東西。**

請注意，我說的「配得上」並不是讓你去超前消費。如果你認為配得上就是買名牌包、名牌錶或豪宅，那就大錯特錯了。這些是消費品，甚至是奢侈品，並不能讓你從靈魂深處獲得滿足感或匹配感。相反，它們可能會成為你的負擔。你應該在自己的能力範圍內，做最好的佈局，去享受最好的生活。

這也是為什麼我之前一直強調存錢的重要性。因為很多時候，我們省吃儉用，存了好多錢，卻發現到頭來身體不行了，最後把錢花在了買藥上。存錢是為了讓你更好地享受生活。沒有人告訴你享受好的生活是不應該的，只是你潛意識裡這麼覺得。

如果你的原生家庭總是告訴你「不配享受好的生活」，請你在成年後有了一定積蓄時，重新「養」自己一次，去體驗一下那些高端生活。我也體驗過，我也吃過一頓就花費十幾萬元的「大餐」，但說實話，真不如一碗泡麵好吃。我爸常說我有「窮人胃」，但我知道我不是不配，只是不喜歡那種浮誇的生活。

我經常參加一些很貴的飯局，別人拿出來的茅台都是30年的，吃一頓上萬元的飯很正常。我不喜歡，但並不代表我不配。我也住過大別墅，但我覺得兩居室已經夠了，一個人住那麼大的房子，反而有些可怕。可這並不代表我不配。這一切都要基於自己的經濟基礎和生活條件。

30歲後，我終於有機會重新「養」自己一次。現在如果看到特別喜歡的東西，我就會買下來。看到好吃的東西，即使很貴，我也會嘗試。或許以後不會再持續消費這些，但我覺得自己配得上。

我會買好衣服、好車、好酒，只是不會沉迷其中。我知道它們只是生活的一種可能性，而我的興趣恰好落在了上面。不要虧待自己，盡力去實現自己的願望，這樣就很好。

如果你只是個普通人，只能做一件事來獲得這種「高配得感」，我建議你從倒掉剩菜開始。過夜的菜別吃了，不要覺得自己只「配得上」這些剩菜。在物質極大豐富的今天，試著去吃一頓好的。打包回來的飯，如果吃不完，或者要隔夜，就倒掉。這不會讓你損失什麼，反而會讓你明白：萬事萬物都是為你服務的，而不是凌駕於你之上。

最後，希望你找到最好的人，獲得最好的東西，做最好的事情。如果有人對你說：「你不配愛上我。」你要對自己說：「真的，你不喜歡我，我為你感到可惜。像我這麼好的人，看，後悔了吧。」

放棄大多數無用的社交，

才能更好地累積能量，

讓注意力回到自己身上。

人脈篇

誰認識你，比你認識誰更重要

生活

篇

厲害的人從不內耗

生活篇

打敗焦慮的方式，

就是在事情發生之前思考好解決方案。

掌控下班後的生活

我寫過一篇文章，大家可以反覆看，叫〈下班後的生活，決定了人的一生〉，其中我講了幾個故事，到今天我還記憶猶新，在這本書裡我就不重複了。

當這篇文章發布到網上後，很多網友評論說：「那是因為你的工作還不夠累，我下班後只能動動手指刷短影音。本想做點事情，但刷著刷著時間就過去了，回過神來已經12點，只好睡覺。這時又會陷入無休止的失眠和內疚，覺得今天除了刷短影音什麼也沒幹。」

你看，有多少人是這樣的？如果你也是這樣，覺得下班後的生活無法掌控，被它帶著走，我建議你可以嘗試一個辦法——**下班回家後立刻做一件有儀式感的事情。**

我試驗過。一天忙碌的工作結束後，回到家已經快晚上9點了。我一般12點睡，還有3個小時。如果選擇刷短影音，時間會很快就過去了，這時你一定要做一件事——立刻做一件有儀式感的事。比如，回到家立刻洗個澡。很多人總是拖到最後，因為沒精力而睡著了，結果沒有洗澡。回到家後，你可以立刻換上睡衣，或者立刻洗把臉，或是做一件提前計畫好的事。

只要做到這一點，你就能重獲時間的主動權。

我每天睡覺前會列出第二天要做的事情。如果實在累得不行，也會大概列一個計畫。有了目標感後按計畫行事，結果不會差到哪兒去。如果哪天特別累，累到骨子裡了，也要做一些小事情，這樣效率反而會更高。

還有一個方法，也是我在這本書裡一直強調的，就是運動。當你累到不行的時候，最好的方式絕對不是躺下睡覺。你會發現越是累到極點，你越睡不著，腦子裡的想法是無法控制的。這時候，不妨運動一下。

我在知識星球裡收到過一個真實案例。一位學生說，他每天下班特別累，完全提不起勁做任何事，感覺渾身的肌肉都不受控制。你知道我給他的唯一建議是什麼嗎？就是讓他回到家，不論多累都去跑步。哪怕一開始只能跑100公尺、200公尺，慢慢增加到5公里，給自己設定目標。結果他驚奇地發現，跑完步後效率提高了，身體放鬆了，思維也清晰了。

人類進化了很長時間才學會跑步。從孩子的成長過程就能看出：先是爬，然後站立，接著學走，最後才能跑。跑步是人類為生存進化出來的功能，為什麼不好好利用呢？當你開始跑步鍛鍊，精神狀態也會逐漸改善。科學證明，當學習效率低下時，最好的解決方法不是繼續硬撐，而是換個思路，透過鍛鍊來提高效率。

看看谷愛凌，她為什麼能在學習和運動上都表現出色？有次我看她的採訪，她提到運動對學習有幫助。同理，運動對工作也有幫助。如果工作累得不行就去運動一下，身體狀態改善了，工作也會更高效。

我把這個故事講給了我的一位朋友聽。這個朋友現在已經是小紅書上的一個自媒體博主了，他的帳號做得特別好，小紅書一年給他帶來的收入遠遠超過了他打工的薪資。他和我分享了一個道理：「原來以為工作要幹一輩子，實際上不是這樣的。工作的底層邏輯是，你要在最年輕的三五年裡賺夠退休的錢，之後的時間想做什麼就做什麼，沒錢也很快樂。」我雖然不完全認同這種理念，但從他的經歷來看，他確實透過小紅書賺到了錢，改掉了下班後的習慣，開始鍛鍊身體，結果成功了。

還有一個方法，也是我強烈推薦的，回到家就把手機放到一邊，充上電。

現在很多年輕人都有電量焦慮，如果你也有，就趕緊給手機充電，不要再玩手機了。一旦開始玩手機，所有精力都會集中在手機上，時間很快就過去了。翻開一本書、玩個遊戲、做次冥想、擼擼貓……都比刷手機要好得多。一旦進入短視頻的世界，時間就不再屬於你了。

而且，長期沉溺於零散的資訊會讓人變笨。因為滑手機時，人無法進行深度思考，也失去了深入研究問題的能力。失去這種能力，未來將會很糟糕。網路充斥著碎片化內容，你好像什麼都知道一點，但什麼都不精通。看不到問題本質，這會帶來巨大的麻煩。

嘗試這些方法後，你還可以找到下班後的具體事項。接下來，我分享幾件下班後可以做的事。

第一，做自媒體。無論在什麼平台上做自媒體，本質上都是自我表達的過程。人不會因為做自媒體而變得很厲害，但會因為做了自媒體而養成愛表達的習慣。這個世界是掌握在輸出者手中的。你必須持續輸出、表達，只有這樣，別人才能知道你在想什麼。在這個過程中，你也會慢慢變成一個會說話、能說清楚話的人。

第二，學習視訊短片。這項技能越來越簡單，不需要複雜的工具，直接用剪映就可以。剪映裡有很多人工智慧功能，可以幫助你快速入門。未來是影片的時代。雖然大家還在看文字，但這些內容未來都會以影片形式傳播，甚至你可能就是看了某個短影音才購買這本書的。所以，影片是未來趨勢。作為作家，我曾經很長時間抗拒做影片，認為文字才是純粹的，後來發現很多知名作家都在做影片，我為什麼不試試呢？當然要做。

第三，鍛鍊寫作。所有與內容相關的工作，本質上都是寫作。為什麼我能把演講和影片做得這麼好？因為在寫作時，我已經把想表達的內容寫明白了。一個人在寫作上投入的時間越多，思維就會越嚴謹。你可以觀察身邊的人，分成兩種：第一種人是想都不想就直接說話，邊說邊想；第二種是先想明白再說。我屬於後者。我的反應很快，就是因為長期大量的寫作，讓我學會思考自己到底要說什麼、想什麼。

第四，閱讀。這一點不需要我多說。你讀到這兒，就說明你已經明白讀書的重要性了。未來所有的一手知識，仍然會保存在書中。雖然這些知識會透過網路、ChatGPT傳播到各處，但系統性的內容還是在書裡。比如想系統地學習一些知識，在網上一般只能看到各種片段，但在書裡，可以得到完整、系統的結構，有更深入的思考和認識。

這都是AI時代下能讓你掌控生活的習慣。

養成這些習慣後，你會發現你的狀態越來越好，同時還能賺點小錢。多好。

應對焦慮的唯一方法

最近，我發現網路上有個很流行的詞，叫「電量焦慮」，這也是很多年輕人的特點。手機電量只要低於50%，就會非常焦慮。這一節，我想和大家聊聊，為什麼很多人會有電量焦慮。

其實每個人都有焦慮，只是底線不同。有些人電量到98%就開始焦慮，這屬於強迫症，不做討論。但也有人手機電量降到2%都渾然不覺，突然斷電也不焦慮，認為沒電就沒電了。

我在網上經常看到這樣一種觀點：請不要嘲笑那些為了一兩塊錢爭執不休的人。因為當你有一萬塊錢時，丟一兩塊錢無所謂；但如果你只剩一兩塊錢，丟的可能就是救命錢。這個觀點很有道理，與手機電量焦慮的情況也很相似。

我們現在的生活已經離不開手機了，儘管可以暫時戒斷，但最終還是要回到手機上的。手機讓你的大腦和身體能夠連接到世界各個角落，未來馬斯克也許能成功移民火星，甚至能讓你的意識和軀體轉移到全球各地，這是無法迴避的趨勢。

如果一個人的手機電量有98%，他不會在意損失一兩格電。但如果只剩下1%、2%的電量，他就會格外珍惜那一兩格電。現在我要提出一個值得深思的問題：為什麼要等到手機電量只有1%、2%才出門？

我認識一個朋友，她總是不看電量就玩手機，經常玩著就沒電了。和父母視頻聊天時也是如此，聊著聊著就突然斷線，再打過去就佔線了。我們關係很好，她父母知道這一點，所以經常打電話給我。

有次她手機突然沒電，我第一反應是出事了，擔心她遇到搶劫。後來我跑到她家，看到她正面無表情地做著家務，手機在充電，還沒開機。我說：「你父母都急壞了，都打電話給我了，你怎麼會讓手機沒電呢？」她只說了句：「沒注意。」你看，這就是一些人的生活狀態。

我也遇到過多次，前一天沒充好電就直接出門，擠地鐵時手機就耗盡了電量。我迷失在北京的地鐵裡，別人發給我一個位址連結，但我完全找不到地方。那真是我人生中最焦慮和崩潰的時刻。我四處問路，卻無人知曉。

後來我跑到一家便利店，想買個行動電源，覺得大不了花幾十塊錢。但手機已經無法開機，根本沒法支付。和店員解釋很久後，他才借給我一根充電線。我等了整整10分鐘，手機才慢慢恢復，然後買了個充電寶。那10分鐘應該是我人生中最漫長的10分鐘。雖然現在街上到處都是共用行動電源，但我想說，面對很多事情，你的人生要有備案，要有Plan B。我父親經常告訴我一句話：「常將有日思無日，莫道無時想有時。」**電量焦慮的本質，就是沒有備用計畫**。

為什麼行動電源可以賣得那麼好？因為大多數人總覺得自己會有備份，認為不會把自己逼到沒電的地步。超市裡遍佈共用行動電源，商家已經預見到你一定會忘記隨身攜帶行動電源。於是，你會不斷依賴共用行動電源，而共用行動電源的租用價格卻越來越高。

回到現實生活，為什麼借貸產品的利率越來越高？為什麼借錢的人越來越多？因為很多人錯誤地認為能借到的錢就是自己的。但借了就要還，還要付利息。為什麼會借錢？因為從未想過要存錢，沒考慮過突然沒錢時該怎麼辦。

這些年我養成了一個好習慣。從北京飛往加拿大時，我隨身帶了四個行動電源和兩根充電線，用於給手機、電腦充電。只要在候機室或有電源的地方，都會檢查一下手機和行動電源是否有電。結果等我到了加拿大，手機電量還有90%。這種有備無患的思路，體現在我做事的各個層面。

有一段時間，我創業失敗了。我發現身邊幾乎所有創業失敗的人都有個共同點：欠債，欠很多很多錢。我創業失敗時，也有將近千萬打了水漂。當時我做飛馳這家公司，幾乎整個團隊都離開了我，拿了資遣費走人，連我的合夥人也把帳上的錢拿走了。只有我一個人默默扛到最後，收拾爛攤子，賣掉公司的資產，宣布破產，走完了整個破產流程，賠償了合作方，整個過程賠了上千萬。

但是我到今天依然沒有因為金錢問題而痛苦或難過。原因很簡單，我有Plan B。創業之初，我先把一大筆錢存到了銀行帳戶裡，算了一下，這筆錢在未來3～5年裡，即便我什麼都不做，也夠我和家人生活。所以我才拿其他的錢去投資、去創業。雖然創業失敗了，但我不後悔。直到現在，我和家人都從未因為錢挨過一天餓。

我特別感謝這種思路。這套思路來自我爺爺。從小他告訴我父親一句話：「常將有日思無日，莫道無時想有時。」我的爺爺見證過時代變遷，他有四個兒子，每一次變遷都能安然度過。用我父親的話說，爺爺總是非常聰明地為自己鋪後路，最後得以善終，享年96歲。

這句話——「常將有日思無日，莫道無時想有時」——成了他留下的遺產和智慧。當今所有有電量焦慮的年輕人，都沒有想到資源可能會有枯竭的一天。但隨著年齡增長，你見過一些人從繁華到沒落，見過他們蓋起高樓、宴請賓客，最後高樓塌了，賓客散了。你見過時代的週期性，看過有些富豪突然變成了窮光蛋，見過有人突然成為暴發戶。當這些例子放在你面前時，你就明白了，這世界上沒有什麼是穩定的。

你要做的就是分散投資，保底，要有Plan B，永遠不要讓自己陷入手足無措的境地。拿著手機走在街上時，不妨多留意電量，心裡有個底，想想電量還能用多久。不妨在不用手機的時候充電，睡覺時插上電源，第二天打開手機，電量滿格地迎接新的一天。

年輕人的電量焦慮，我不覺得是個大問題，大問題在於他們從不規劃未來。這世界有兩種人：一種是活在當下，今朝有酒今朝醉，不管身後洪水滔天；另一種是社會精英，始終關注遠方，即使只是規劃自己的生活、家庭或者公司的未來。

我調查研究過幾千位領導者，他們有很多優秀品質，如善良、努力、奮鬥，但所有領導者都有一個共同特點，那就是遠見。他們看問題比較長遠，居安思危。

我也是這樣的人。如果沒有規劃未來，沒有考慮可能發生的事，我不可能每年寫一本書。我總是在當年寫完一本書，為來年出版做準備。這個計畫我已經推展到5年之後。換句話說，未來4～5年裡，我每年都有一本書準備就緒，只需在正式出版前加入當時的元素。

我的公眾號之所以能夠日更，正是因為稿子已經提前寫到了一個月之後。影音號也是同樣的邏輯。每天早上看看新聞，有新聞就發，沒新聞也有足夠多的儲備內容，不用擔心哪天沒內容可發。

所以，居安思危，看得遠一點，你就不會有電量焦慮。那些說自己有電量焦慮的人，往往在其他方面也存在焦慮，比如親密關係中的安全感，或是來自原生家庭的影響。

最後，我想補充一句，打敗焦慮最好的方式，就是立刻去做讓你焦慮的事情。再加一條：打敗焦慮的第二個方式，就是在事情發生之前，就已經思考好解決方案了。

人生逃不開的三次背叛

在講和父母的關係時，我說過人這一生如果要成長，必須經歷三次背叛。雖然每一次背叛都是不情願的，但必須去經歷、去離開。這三次背叛分別是：背叛原生家庭（你的父母）、背叛過去的發小和圈子以及背叛過去的自己。

這一節，我想從另一個角度來聊聊這三次背叛。

第一步，背叛自己。

我之所以用「背叛」這個詞，並且用得這麼重，是因為我從兩本書中得到了啟發。

第一本書叫《垃圾場長大的自學人生》，英文名 Educated，直譯為「被教育」。這本書讓我真正理解了教育的本質——它並不是為了考取高分或獲得一堆證書，而是為了逆天改命，打破階層的束縛。書中的泰拉・維斯托（Tara

Westover）生活在一個非常糟糕的環境中，她的父母既不愛學習，又打壓孩子，還不讓她上學。她的家人類似於生活在偏遠山區的一些人，愚昧、無知且固執。然而，泰拉透過自學和不懈努力，最終考上了美國常春藤名校，並成為暢銷書作者。她的書得到了比爾·蓋茲和歐巴馬的推薦，現在的泰拉已經實現了財富自由，躋身美國中產階級。

泰拉的成長歷程充滿了自我突破和痛苦的改變，她必須背叛她的家庭，去追求獨立和自由。即使實現了逆天改命，她和父母依然無法和解。她的父母是虔誠的摩門教徒，極度保守，不相信現代醫學，甚至否認泰拉所經歷的虐待。即使泰拉取得了巨大成就，她的家庭依舊拒絕認可她的選擇和成就，這使她在情感上經歷了絕望的孤立與深刻的矛盾。

泰拉在書中詳細描述了如何一步步從父母的控制中掙脫，這不僅是現實中的逃離，更是精神上的自我解放。她和父母的關係至今依然緊張，甚至在社交媒體上公開爭吵。泰拉的父母至今都不認為自己有錯，依然固執地堅持他們的信仰和生活方式。你看，背叛父母是有代價的，逆天改命也是有代價的，這種背叛帶來了獨立和自由，但也帶來了無法癒合的家庭裂痕。

第二本書是《絕望者之歌》。作者是最近備受關注的政治人物傑德·凡斯（J. D. Vance），現任美國總統川普的得力副手。有趣的是，他在寫《絕望者之歌》時非常痛恨川普，寫完後卻擁抱了川普，甚至成了他的堅定支持者。這種轉變讓許多人感到困惑，連馬斯克都對他的立場轉變表示質疑。

凡斯的轉變頗具戲劇性，也是他個人成長的重要轉捩點。他出身於美國俄亥俄州的工人階級家庭，在貧困和混亂中長大，家庭環境充滿暴力和不穩定。這些經歷為他的書《絕望者之歌》提供了豐富的素材。在書中，他描述了如何透過努力掙脫家庭和社會的束縛，最終進入耶魯大學法學院。起初，凡斯強烈反對川普的政治立場，但在深入參與政治後，他逐漸發現川普的主張契合工人階層的利益，這促使他重新審視自己的立場。

這種轉變不僅是政治選擇，更是對自身信仰和價值觀的深刻反思。凡斯選擇背叛過去對川普的看法，這在許多人眼中似乎背離了初衷，但對他而言，這是理解現實、適應變化的結果。你看，人是會變的。背叛過去的自己，實際上也是一種成長。

雖然「背叛」這個詞聽起來很沉重，但如果你出生在平民家庭，假設你父親這輩子都在為別人打工，沒能實現階層躍遷，那麼你最好的選擇就是離他們遠一點，不要聽他們的話。但是，如果你的父母是成功的商人、企業家或官員，你最好的選擇就是聽他們的，因為他們已經累積了豐富的資源，你可以站在他們的肩膀上繼續前行。

我相信，大多數人和我一樣，不願重複父母的道路，想要走出自己的一條路。那麼你必然會與父母在觀念上產生分

歧，這些分歧會讓你們成為完全不同的人，走上截然不同的道路。

在這種情況下，你需要背叛父母。很多人就是因為走了父母的老路，最終活成了父母的樣子。所以，先問自己一個問題：你希望活成父母的樣子嗎？如果希望，那就繼續走他們的路；如果不希望，那就空間上拉開距離，少和他們在一起，少聽他們的意見。

在做重大決策時，要去問那些與你關係不深但你很崇拜的人。我前幾天和朋友古典聊天時說：「我反對你『做自己』的觀點。人生的第一步應該是『做別人』，因為如果你一開始就做自己，很容易就走上和父母一樣的路。」他瘋狂點頭表示認同。我們一致認為，人要成長，第一步就是背叛父母。

第二步，背叛過去的圈子。

在我的人生中，每一次升級反覆運算，都是從背叛過去的圈子開始的。每次我感到自己在進步，想要突破時，擋在面前的都是那些曾經很好的朋友。你會發現，他們往往是最先對你產生不滿的人。這是人性，不要覺得奇怪。這個世界上沒有多少人真正希望你過得比他們好，大多數人希望你和他們一樣平庸，尤其是那些曾經最親近的朋友。你們形影不離，但突然間你「飛」起來了，他們會產生落差感，心裡會有不爽的感覺。

我經常告訴身邊的朋友，如果你混得還不錯，就應該遠離過去的圈子。那些最瞭解你的人，往往也是最有可能在背後傷害你的人。我也犯過這樣的錯誤，認為帶著兄弟一起走可以很好，但後來發現，兄弟並不會感激你。相反，他們會不停地想：為什麼他能在那個位置，而不是我？他們可能會瘋狂模仿你，甚至想盡辦法取代你。創業這麼多年，我見識過太多人性的複雜，背叛過去的圈子，是你必須面對的課題。

我很討厭同學聚會，去過幾次，發現每個人都一樣，沒什麼變化。一年過去，大家聊的話題依舊是同樣的事，每天都在重複。經濟環境好的時候賺得多，環境差的時候賺得少。在這種氛圍裡，你很難看到新的生命力。

因此，跳出原來的圈子，去擁抱新朋友非常重要。不要總想著和過去的朋友一起做事，因為你們不是同類人，不要強行帶兄弟上路。

第三步，背叛過去的自己。

人生就是一個不斷發現自己曾經很蠢的過程。如果你總覺得過去的自己特別厲害，那說明你的人生正在走下坡路。我經常翻閱過去的日記，每次都覺得自己曾經太過自以為是、狂妄自大，活在自己的小圈子裡，誰和我意見不同，我就認為他錯了。

但當我成長了，見過更多人，讀了更多書，再回頭看，才發現自己當時的世界觀是多麼狹隘。我也在不斷背叛過去的自己。人必須背叛過去的經歷，才能掙到你認知之外的錢。你不可能一邊做井底之蛙，一邊讓全世界聽到你的聲音。你必須跳出這口井，跳到更大的世界，頭都不要回。

我也特別反感網上那些「保持初衷」的說法，覺得這種認知太過簡單。因為隨著人生的變化，你的初衷是會變的。比如，原來我的初衷是賺很多錢，後來發現為了賺錢可能會做很多昧良心的事，我的初衷就變成了過得開心、對得起自己。你說我變了嗎？當然變了，我變得更符合當下的自己了。

這三次背叛，是每個實現階層躍遷的人必經的過程。所以，當你看到那些成功的人，他們內心冷靜，目光如炬，但喝兩杯之後，也會有難過的時候。這不也是背叛（這裡的背叛本質上是成長的機會，選擇不一樣的方向）後的應激反應嗎？

所謂背叛，是對舊我的超越，是一次自我革新。它讓我們從過去的束縛中解脫，去迎接更廣闊的人生。正是在每一次掙扎和撕裂的背叛中，我們才能真正找到內心的自由，突破成長的瓶頸，邁向更高的峰頂。那些看似沉重的背叛，最終卻成為我們生命中的致勝關鍵，是讓我們成為更好的自己的關鍵力量。

分清楚愛與控制

前段時間有個女生問了我一個極其離譜的問題：「我以後不結婚不生孩子，能不能跟我們家貓和狗過一生？」我之所以覺得離譜，是因為她大概連貓和狗的壽命有多長都不清楚。我不知道她這樣做是不是在嘗試為未來養孩子做準備。但如果她真的想和貓、狗度過一生，要麼她的壽命太短，要麼她養的可能不是貓和狗，而是打扮成貓和狗的烏龜。

為什麼這個時代的年輕人都愛養寵物，卻不願意養孩子呢？我不想簡單地用「責任感」來解釋這個問題。我希望從多個角度來說明白人和寵物的關係。

首先，現在有這麼多貓和狗，並不是因為地球上本來就有這麼多。如果大家看過尤瓦爾・哈拉瑞寫的《人類簡史》，就知道這是人類刻意馴化的結果。就像這世界上本來沒有那麼多小麥，但隨著人類對小麥的需求越來越大，人們開始刻意馴化小麥。同樣，貓和狗也是人類刻意馴化的。然而，我們現在卻本末倒置，讓貓和狗代替了我們的下一代。

那麼，養寵物有什麼意義呢？我總結了以下幾個方面：

第一，寵物提供了愛與信任。人有被愛和被需要的需求，寵物恰好能滿足這一點。有人說，為什麼不要個孩子？因為要孩子不僅需要另一半，還會帶來更多責任。現代人不願意深入瞭解彼此，所以選擇了寵物。寵物幾乎不會對人構成威脅，但人會。有時，最可怕的恰恰是人。寵物依賴主人生存，讓人感覺自己有能力、有欲望去照顧一個生命，同時也減少了孤獨感。

在大城市裡，擁有被需要感是一件很好的事情。

第二，寵物能緩解壓力。貓和狗都是減壓的好夥伴。有科學統計表明，老年人在伴侶去世後，如果收養一隻狗或貓，能大幅降低死亡風險，甚至延長壽命。同理，一個剛進入城市的年輕人，如果有一隻貓或狗陪伴，也能增加生活中的好奇、憐愛等情緒。

第三，養寵物是一種心理轉移。我認識很多養貓養狗的朋友，他們只要回到與貓和狗共處的世界裡，就能暫時遠離紛繁的訊息、巨大的壓力和無法掌控的未來。他們給貓和狗取個名字，彷彿有了一個家庭，而這個家庭不用承擔傳統家庭的責任。這樣的家庭是一種半真半假的存在，可以短暫逃離不理解的世界，轉移焦慮、抑鬱和不安的情緒。

第四，也是我覺得最有意思的，很多人會把知心話講給貓和狗聽。我沒有刻意去觀察別人家的情況，但有一次我喝醉後住在朋友家裡。半夜被他講夢話嚇醒了。我揉了揉眼睛，發現他其實在跟自己的狗說話，說了很多真心話。我相信這些話他可能不會對我說，也不會對父母講，但他對著狗說了很久。那狗就靜靜地聽著，雖然誰都知道狗不一定聽得懂，但人們確實需要一個傾訴的對象，寵物恰好能滿足這樣的需求。

你有無數個理由去養寵物，寵物也有其不可忽視的重要性。但今天我想聊的另一個話題是關於情感中的權力與被愛。

我在之前的書裡提到過，愛是平等的。你愛別人，前提是別人也會愛你。在平等的愛的基礎上，才會產生被愛、結婚等情感關係。然而，你和寵物之間的愛從來不平等。不僅不平等，你對貓和狗幾乎擁有絕對的權力。換句話說，寵物的一生無法離開你（除非你無法繼續撫養），因為牠們沒有獨立的生存能力，只能依附於你。

你不用擔心寵物是否只愛你、最愛你，也不用為牠們吃醋。你可以對牠們做任何事情，而牠們不能對你做任何事。這種情感中的上下關係非常明顯：你處於感情的上位，而寵物在感情的下位。你對牠們有絕對的控制權，牠們卻無法對你提出任何要求。

如果有一種愛情也能如此，你願不願意接受？

我相信大多數人都會願意。因為在這種情感中，你可以做任何事情，而對方卻無法反抗。這種情感關係有複雜性，只有服從與要求。很多人其實並不是喜歡養寵物或貓狗，也不是在逃避一段感情。他們只是想在感情中佔據上風，想不負責任地獲得一切，卻不願意付出。

請恕我直言，很多只願意養寵物、不願意養孩子的人，正是抱著這種心態。即便他們養了孩子，也會像對待寵物一樣，佔有孩子的每一分每一秒，認為孩子是自己的附屬品，不能有自己的想法。

所以，我們養寵物的本質，其實是一種控制欲。

在關係中，擁有權力的人往往更具自尊和自信，也更有安全感，對被愛的需求更低。而那些渴望被愛、需要透過愛來證明自己價值的人，往往在關係中缺乏足夠的權力和掌控感。因此，我要告訴你一個秘密：從寵物身上，你得到的不是愛，而是權力。

如果你想一輩子和寵物生活在一起，你缺的並不是愛，而是權力。你渴望的是權力和話語權，渴望更多地掌控自己的人生。

所以，關於愛，你不是應該去想如何得到更多的愛，而是應該爭取更多的權力和話語權，在這個世界上擁有更大的「版圖」，僅此而已。

擁有離開的勇氣和資本

我特別喜歡宮崎駿說過的一句話：「人生就是一列開往墳墓的列車，路途上會有很多站，很難有人可以自始至終陪著走完。當陪你的人要下車時，即使不捨也該心存感激，然後揮手道別。」

這句話說得多好，雖然簡短，卻充滿了生活的哲理和人情的溫度。它揭示了生命的真相——**我們在一段段相逢與離別中漸漸前行。**

馬奎斯也曾說：「生命中真正重要的不是你遭遇了什麼，而是你記住了哪些事，又是如何銘記的。」這句話極為深情，它提醒我們，人與人之間的情感超越了時間和空間，留下的印記是無法抹去的。

在經歷了許多離別之後，我悟出了一些道理，想藉此機會分享給你。

小時候，我們在書裡、在電影中無數次見證離別的故事。每次提到離別，總會讓人不由得心中一動，那種揮手告別的痛苦雖未在現實中真正經歷，卻已從他人的故事中深刻體會。

比如林徽因寫道：「很多人不需要再見，因為只是路過而已，遺忘就是我們給彼此最好的紀念。」我曾在網上讀到：「春天短到沒有，你我短到不能回頭；所有的道別裡，我最喜歡『明天見』。」這些詞句總能輕易撥動人心弦，讓人感受到一種淡淡的傷感，令人潸然淚下。一種短暫生命中的美麗與失落，彷彿每次離別都是一道難以彌合的裂痕。

請恕我直言，曾經的我也許太矯情。像很多人一樣，我對離別有著根深蒂固的恐懼與抗拒。儘管理性上明白離別是人生常態，但在情感上，依然難以坦然接受。我們害怕伴侶出差，害怕和父母告別，害怕異地戀，害怕突然遷居到陌生的城市，甚至害怕一部小說或一部電視劇的完結。

這些「離別」彷彿都在提醒我們，**人生沒有永恆相伴，唯有學會與孤獨相處**。

我最近一次的離別是與父母在加拿大的分別。他們陪我來加拿大讀書，帶著幾個大箱子和我一起走上這段旅程。隨著開學臨近，他們也逐漸忙碌起來，最終還是要離開。

父親說，在加拿大他感到一種莫名的寂寞，反而在武漢他感到安心——那裡煙火氣十足，每天都能與熟悉的老友碰面，那是一種充實而具體的快樂。

送他們去機場時，我特意留了個「心眼」。因為過去我寫過一篇文章〈現在的分別是為了更好的相聚〉。我深知人們永遠不知道離別何時會變成永別，所以要珍惜每一次告別——能擁抱就擁抱，能親吻就親吻。這些年來，我一直堅守這個信條，每次在機場與重要的人告別時，都會給他們一個緊緊的擁抱，彷彿那一刻能將所有未盡的情感傳遞。

我特別想知道父親是如何面對離別的。畢竟，他已經60歲了，但在很多方面依然是我學習的對象。我陪他辦理完登機手續，托運好行李，最後送到安檢口。因為有些事要處理，我去上了個廁所，回來時，發現父母已進入了安檢區。我甚至沒有來得及說一聲再見，他們只是匆匆發了條簡訊告訴我「我們已經安全在飛機上了」。

那一刻，我突然意識到，也許父親也不知如何面對這種告別。他沒有流淚，沒有擁抱，只是像個孩子般地「逃走」了，因為他知道，如果真的認真告別，我可能又會寫一篇文章叫〈硬漢的再一次眼淚〉。他總是對我筆下描繪他「軟弱」的形象心存芥蒂。

我想起了第一次與父母分別的情景。那時我18歲，和父親一起搭火車去報到，進入學校的那一刻，我便意識到這是一段無法輕易回頭的旅程。父親沒有說太多，只是默默地看著我走遠，然後轉身離開。那沉默的背影和他不善表達的情感，是我後來許多年逐漸理解的父愛方式。

大一時，學校的生活讓我感到無比煎熬，回家過寒假的每一天都顯得彌足珍貴。每次返校，內心總是充滿不捨，我甚至每天倒數離家的時間。那種數著日子的心情，將分別的痛苦放大到了極致。

10年後，我離開北京，前往多倫多。那段時間，我在公眾號上開了一個專欄，我想用最後3個多月的時間和朋友們好好道別，因為不知道何時能再見。然而，離別的情緒並沒有想像的那麼濃烈，那些告別飯局、離別酒會裡，我竟然逐漸體會到釋然與坦然。

也許，那時候我終於明白了，**離別的關鍵，不在於是否會重逢，而在於在這段旅程中，我們是否彼此照亮。**

我逐漸悟到，離別之所以讓人痛苦，往往不是因為離開本身，而是因為我們心中的無力感。人只要過得好，便不會時刻想著過去。只有當生活中的光彩黯淡，我們才會被不捨和回憶所纏繞。30歲之後，我漸漸懂得，離別和孤獨都是人生常態。唯一能做的，就是讓自己變得足夠強大，強大到可以隨時買張機票，去見想見的人。

這次的離別父母並沒有特別傷感。回到武漢後，父親甚至開始計畫下次旅行，他說：「要不這樣吧，你幫我辦個美國簽證。加拿大規定每半年要離開一次，我就不用回國了，下次陪你半年，再去美國轉一圈，再回來待半年。」聽著電話那頭父親的興奮話語，我忽然覺得這份灑脫竟然如此感染人。原來，離別不必悲傷，因為那些心意相通的人，無論身在何處，都能感受到彼此的溫度。

我不再為離別傷感，因為只要我想，隨時都可以買張機票飛回去。我給父母買的機票，總是頭等艙。只要他們的旅程是我安排的，就讓他們坐在最舒適的位置上，他們值得我用最好的方式去對待。這種自由選擇的感覺讓我深深體會到一種力量，一種對生活的掌控。

我寫過「離別是為了更好的相聚」，但後來意識到，有些相聚其實並無必要。如果我天天待在家裡，無所事事，父母也未必會開心。真正的親情，靠的是彼此的成長與進步維繫，而不是強迫緊緊相伴。要化解離別帶來的痛苦，只需做到四點：

第一，你的離開是為了讓彼此的生活變得更好，那麼離別就不會那麼痛苦。人往高處走時，離開不是失落，而是一種成全。告別那些低品質的圈子，離開那些讓你停滯不前的環境，這是一種向上的力量。

第二，讓自己變得強大，足以解決一切問題。擁有隨時隨地去見所愛之人的能力，時間才是最寶貴的資源。只要你足夠自由、足夠強大，就不會再害怕離別。

第三，接受離別是生命的常態。無論你多麼努力，有些人註定只能陪你走一段路。與其抗拒，不如接受這一現實，把每次相聚都視為難得的饋贈。每一次離別，都是對我們心靈的磨練，教會我們珍惜眼前人。

第四，找到內心的平衡和安寧。當你學會在孤獨中找到內心的滿足，不再依賴外界來定義你的情感價值時，離別的痛苦也會逐漸減輕。內心的平靜與自足，讓你在面對任何告別時，依然能夠微笑著揮手道別。

這便是我在經歷無數次離別後所悟出的道理，或許這些感受並不適用於所有人，但它們的確是我在時間長河中得到的答案。

離別不可避免，但那份自由和強大，能讓我們在每一次告別中，依然保有愛與勇氣。

如何與父母有效溝通

在這本書的前面我就講過，一個人想要成長必須經歷三次背叛。

第一次是背叛自己的父母。你要承認自己和父母是不一樣的，承認他們的教育和養育有不足之處，承認他們只是普通人。

第二次是背叛過去的圈子，比如三姑六婆、同班同學。

第三次是背叛過去的自己。

只有經歷這三次背叛，才能成為一個真正獨立的個體。

所以，成長必須從背叛父母開始。當你一開始背叛父母時，他們可能會非常討厭你，甚至可能與你斷絕父（母）子（女）關係。但這是成長的必經之路。**就像你從母親的身體裡出來一樣，你也必須斷掉與母親之間的臍帶，讓母親的部**

分回歸母親，讓你的部分回歸自己。生活和心理上都是如此。

如果你與父母的交談越來越少，這表明你正在經歷一次獨立的成長，正在成為一個獨立的個體，這是一件好事。

我見過很多人到了30歲還住在父母家，最大的困擾就是與父母的矛盾。我有一個同班同學，每次聚會他都會抱怨父母，說父母一說話他就感到煩躁，吵完架後又感到內疚。抱怨的話題五花八門，我都可以給他寫本小說了。以前是催他找對象，後來結婚了又催他生孩子，現在孩子出生了，矛盾已經演變成了他、孩子和他媽之間的三方矛盾。矛盾表面上越來越多，但主要矛盾始終是他和他媽之間的矛盾。

於是我給他出了個主意：不妨試著搬出去住。他說從未這麼想過，我讓他考慮一下。我不清楚他是如何突然下定決心的，後來他真的搬出去了。結果，他和他媽之間的問題都得到解決，他也輕鬆了許多。

我也是這樣。有段時間我和父母住在一起，我和父親基本每週都要在情緒極度克制的狀態下吵一次架。後來我才發現，並非因為我們關係不好，而是因為我們都有自己的生活。在同一個屋簷下住久了，彼此的生活習慣、態度都會像藤蔓一樣纏繞在對方身上，而對方也是一棵參天大樹。結果就是彼此間的尊重越來越少，抱怨越來越多。

其實，保持空間距離能解決很多問題。

第一，試著與父母保持空間距離。

這並不意味著你們之間沒有愛。相反，距離產生美，適當的距離反而能更好地體現你們之間的愛。

對於那些一靠近父母就煩躁，一吵架就內疚的人，不妨承認父母是獨立的個體，而你也是獨立的個體。保持一定的距離，對雙方都有好處。逢年過節時可以多聚一聚，平時有事沒事也可以串串門。一旦開始離別倒數計時，這份感情反而會維持得更好。

最初，我父親來加拿大陪我讀書時，我們經常吵架，最激烈的時候甚至吵到拍桌子。什麼時候他開始對我改變態度？是當我給他買了一張回國的頭等艙機票，確定了回程日期後，他開始對我友善許多，也不再指責我了。

第二，學會課題分離。

這句話我已經說過很多次。我見過太多孩子把父母的痛苦歸因於自己的無能。但父母的痛苦和你的痛苦一樣，都是自己的事。不要試圖去改變別人。

我寫過，人生中最幸福的事就是放下「渡他人」的執念，尊重別人的命運。這也包括尊重你父母和孩子的命運。他們都是獨立的個體，你可以影響他們，但改變他們的責任不在你，而在他們。

人是不會被叫醒的，只能痛醒；人也不會在言語中改變，而是必須在行動中改變。不要用愛來綁架別人，因為愛不能作為綁架的理由。如果愛成了綁架，連愛也會消失。

有一位母親曾經哭著對我說，她的孩子成績差、早戀、打架，覺得他這輩子完了。我想了很久，最終還是對她說出了這段話：「他這輩子可能會失敗，但至少你還愛他。如果你還愛他，就尊重他的命運。即使他真的失敗了，你也可以幫助他，你們的愛沒有變。如果你拿愛去綁架他，用愛威脅他去改變、去學習，最終他可能還是原來的樣子，但他會恨你，你們的關係也會破裂。」說完這話後，這位母親放手了。結果，她的孩子後來考上了大學，現在在一家網路公司做營運，每月薪資至少能夠自給自足，比曾經預想的要好很多。

第三，降低對父母的期待。

人的成長過程，就是逐漸降低對父母的期待的過程。我們會從小時候事事依賴父母，到慢慢開始脫離父母，變得越來越獨立。如果你還有能力幫助父母，這就是一個正向循環，從需要他們到給予他們。

但現在很多人30多歲還在依賴父母，甚至把帶孩子的責任推給父母，這種現象實在太常見了。

第四，不做實際交流。

這確實是一種智慧。所謂不做實際交流，就是避免討論那些可能產生矛盾或認知差異的話題。比如，如果你不想生孩子，這件事就不必告訴他們，他們可能接受不了。再比如，如果你不想找朝九晚五的工作，不想考公務員，不想學傳統專業，也不必與他們討論。多聊聊飲食起居、身體健康之類的話題。

隨著年齡增長，分別的時間越來越長，接觸的人、圈子、環境都不一樣，你和父母很難再有共同話題。你們之間的話題更多的是基於情感和血緣關係的。不要小看這些話題，它們是父母和子女之間為數不多且永遠不會變的話題。

這不正是愛的體現嗎？為什麼非得聊一些雙方都不願意，甚至一開口就會爭吵的話題呢？

避開這些話題，聊些輕鬆的事情不是很好嗎？你們可以談論天氣，這樣的話題不會引發爭執，晴天就是晴天，陰天就是陰天，聊著聊著就能達成共識。如果實在不能達成共識，就停在達成共識的位置，這樣也不會損害與父母的關係。

別做有控制欲的家長

到加拿大留學後，我在溫哥華見到了很多家長。在各類飯局、聚會、茶敘中，他們不約而同地都談到了對孩子的教育。所以，我想藉這一節聊聊我最近的一些新思考。

我總結了優秀家長身上具備的三個共同性。

什麼是優秀的家長？**我認為，優秀的家長就是能夠培養出具有「生命力」的孩子。這樣的孩子眼睛裡有光，面對陌生人不害怕，遇到比自己優秀的人不怯懦，遇到比自己身分低的人不倨傲。你會覺得這個孩子是鮮活的。**

然而，你會發現很多家長把自己的孩子培養成了「機器人」，他們眼神空洞，見到父母彷彿見到仇人。與人交流時，總是顯得高高在上、孤立無援。

基於此，我總結了優秀家長的三個特點：

第一，對孩子沒有強烈的控制欲。

換句話說，他們允許孩子做一些自己看不懂的事情，允許孩子在未來5年到10年裡走一條自己完全不熟悉的路。舉個例子，我現在做的事情，我的父母在我小時候根本看不懂。他們能理解我在部隊發展一輩子，因為這符合他們的人生模型。但如果他們堅持用自己的人生模型來規劃我，可能我早就「廢」了。正因為我現在做的事情他們看不懂，卻依然保持尊重，我才能走到今天。

昨天，我跟一個孩子的父母聊天，他們堅持要讓孩子學Computer Science（CS，電腦科學），理由是「電腦是未來的趨勢」。我說：「如果你強迫孩子學電腦，他大概會『廢掉』。你以為電腦是未來的趨勢，但這是個誤區。GOOGLE現在幾乎不再招CS專業的人才，反而更青睞人文社科、心理學或MBA專業的人才，因為這些人更具有全面的發展潛力。」

你不理解世界，卻用你理解的方式去控制孩子，孩子註定會毀在你手上。

第二，要認可孩子。

這一點非常重要。孩子有三種與生俱來的需求：被看見、有價值、我很重要。這三種需求是每個孩子生來就有的。所以，孩子從小會不斷吸引父母的注意，長大後希望自己做的事能被父母認可，再大一些，希望成為父母眼中最重要的人。

但很多家長總是在打壓孩子，認為孩子做什麼都不對、不行。在這種否定式教育下，孩子會慢慢覺得自己不值得被尊重，認為父母太強大了，而自己什麼都不是。

大家可以看一本書，紐西蘭作家琳達・科林斯寫的《永遠的女兒》。書中的女兒在優越的條件下——家境富裕、上國際學校，最終還是選擇了跳樓自殺。為什麼？因為無論她做什麼，父母總覺得她做得不對，這個不好，那個不行。有時我也很困惑，家長會說：「我這孩子數學不錯，但語文不行，能不能找個老師補補語文？他太偏科了。」我特別納悶，為什麼不關注他數學的優勢，反而總是糾結於他語文的缺陷呢？

當孩子發現自己無論做什麼都得不到認可，眼裡的光就會消失，心想：你作主吧，我躺平算了。有多少孩子最終變成了這樣？我曾在一個大姐家吃飯，她說起朋友的兒子已經大學畢業了，但一提到找工作，她朋友的兒子就堅稱：「我爸媽的錢就是我的錢。」這種想法是何時根植在他腦海裡的呢？很簡單，當父母長期漠視孩子的需求、忽視他的存在、鄙視他的價值時，孩子就變成了依附在父母身上的「磁鐵」。說是磁鐵都客氣了，簡直是「狗皮膏藥」。

我想問這樣的父母，最後會開心嗎？不如從小就鼓勵孩子：「你做得很好，你是獨立的個體，凡事要為自己負責。」這樣的孩子才能真正成長，成為獨立的個體。

第三，優秀的父母都「活在當下」。

別小看這四個字，很多父母都在焦慮未來、後悔過去，恰恰是因為沒有活在當下，而孩子卻是活在當下的。哪怕他剛剛摔了一跤，看到好吃的，馬上就不顧疼痛地去吃。我小時候也是這樣，課堂上不管多難受，老師有沒有批評我，課間10分鐘，我總能嗨起來，彷彿「今朝有酒今朝醉」。

父母的焦慮和對未來的過分關注，會讓孩子不由自主地跟著焦慮，但這種焦慮無濟於事。比如，父母總是讓孩子想：你未來考不上大學怎麼辦？咱們家沒錢怎麼辦？孩子也不知道該怎麼辦。所以，與其讓孩子焦慮，不如讓他實際去做些事情。比如，讓他瞭解怎麼賺錢，瞭解考大學需要哪些步驟。只要孩子把今天過好，未來自然不會差。

當一個家長具備這些特質時，孩子不僅能活得輕鬆，還會把事情做好，而且不會焦慮。

多說一句，在健康的家庭裡，父親的角色非常重要。現在很多華人家庭的結構是這樣的：消失的爸爸、焦慮的媽媽，還有一個失控的孩子。這一切都源於「消失的爸爸」。父親在家庭中承擔著重要角色，比如領導者和陪伴者，這能增強孩子的抗壓能力、自信心甚至語言表達能力。

我非常感激我父親在我的童年幾乎從未缺席。我和姊姊的語言表達能力、抗壓能力都還不錯。

最後，請你記住紀伯倫說過的一段話：

你的孩子，其實不是你的孩子，他們是生命對於自身渴望而誕生的孩子，他們透過你來到這世界，卻非因你而來。他們在你身邊，卻並不屬於你。你可以給予他們的是你的愛，卻不是你的想法，因為他們有自己的思想。你可以庇護的是他們的身體，卻不是他們的靈魂，因為他們的靈魂屬於明天。

你不用為任何人活

在這本書的最後一節，我想透過兩個故事來為你講透「社會期待」這個詞。

經常有朋友問我這樣一個問題：我現在的工作不是父母、家人和朋友喜歡的，該怎麼辦？

我的建議是不必在意他們喜不喜歡。很多人甚至不瞭解你的工作內容，尤其是當你從事高科技領域或新興職位時，比如和短影音相關的編導、剪輯，他們往往無法理解你在做什麼。現在還有許多職位尚未出現，但在未來可能會很賺錢。例如，人工智慧提詞員、人工智慧道德委員會、超級對齊部門等，這些職業可能你現在都沒聽過，更別說向父母解釋了。

我的建議很簡單：只要不違反法律，什麼賺錢就做什麼。

我有個從小看著我長大的大哥，他一直認定我做作家是賺不到錢的。雖然在書籍是唯一資訊載體的時代，暢銷書作家確實能賺到錢，但現在時代變了，作家已經成了一個傳統職業。他知道我賺不到多少錢，很長一段時間也瞭解我的稿費並不豐厚，於是他對我說了一段讓我終生難忘的話。

他說：「尚龍，你一身才華，對文字的掌控能力極強，又精通英語和程式設計，朋友也多，你做什麼不能賺錢？不要總強調自己是個作家。你可以說自己是作家，為了讓那些不懂你的人多給些尊重，覺得這是個正經職業，但你做任何事情的選擇標準只有一個：什麼賺錢做什麼。如果這件事不賺錢就別做，無論它能給你多少榮譽，給你多大名聲，記住賺錢永遠是第一位的。」

這番話給了我特別大的啟發。所以，關於社會期待，我想先說這句話：**你這一生會慢慢明白，你不為任何人活著，你只為自己活著。**

至於社會期待，如果你不幸混到底層，還有誰會對你有什麼期待？當你需要救贖的時候，那些對你說三道四的人又在哪裡？但當你有了一點成就和輝煌，那些指手畫腳的人就都來了。記住，日子是自己的，與別人無關。

我來給你講兩個故事。

第一個故事是關於我的一個表妹。她畢業後去做微商賣保險，聽起來似乎很丟人。她告訴父母自己在保險公司工作時，她的父母抬不起頭來，逢人就說：「別提我女兒了，這工作不合適。對了，你有沒有好的工作可以介紹給我女兒？」

這是真實的故事。我這個表妹在保險公司工作開始的一年多很不開心，但第二年接到了兩個大單子開始賺錢了。那年過年時，她因為要陪大客戶在三亞過年而無法回家。這位客戶又在三亞給了她一個單子，這三筆單子的佣金接近100萬元。那年她才24歲，第一次見到這麼多錢，把她徹底震驚了。於是在除夕前夜，她問父母在家過得怎麼樣，父母剛要開口責備，她就說：「爸媽，我給你們買了從武漢到三亞的頭等艙機票，不知道你們方不方便來三亞一起過年？」

那時武漢的冬天沒有暖氣，三亞卻有二十多度，他們怎麼會不去呢？到了三亞，一輛豪華的商務車接他們到了五星級酒店，他們看到自己的女兒在酒店門口迎接。那時他們才明白，原來做好保險銷售也能很賺錢。表妹和我講這個故事時，特意強調了一個細節——那年過年他們打電話拜年時，特別自豪地說：「今年是女兒給買的頭等艙機票，還訂了五星級酒店，我們就在三亞跨年了，年後再見吧。」

父母說這話時，臉上洋溢著幸福的笑容。原本父母很在意孩子的工作，覺得賣保險特別丟人。但當你賺到錢後，父母的評價標準就會改變，他們不再評價你做什麼工作，因為所謂的社會地位在沒有財富時一文不值。他們會改用新的評價標準，從社會地位慢慢轉向以金錢為衡量。人總是會說對自己有利的話。她父母開始到處跟人說：「看我孩子多好，說不定以後每年都能帶我們去三亞。」

我還有個朋友也是這樣，他是個沒什麼文化的土老闆。我每次都和他開玩笑說：「你能不要再說成語了嗎？每次你說『凱旋而歸』的時候，我都想告訴你，『凱旋』本身就有『歸』的意思，要麼說『凱旋』，要麼說『歸』，不要說『凱旋而歸』。」

我們總是取笑他，但從來不會疏遠他。為什麼？因為和他在一起總能喝到茅台。他家收藏著世界最貴的茅台，還有一個茅台收藏館。每次介紹他時，我也不會說他文化水準低，而是會說：「這位大哥家裡有最好的茅台，改天讓他請我們去品嘗。」你看，我們的評價標準也在改變。社會的評價體系是多樣的，如果你只用某一種標準去評價你的職業和現狀，就會很痛苦。有些職業看起來不光彩，但能賺到錢；有些職業雖然賺不到錢，但有很高的社會地位；還有些職業既沒有社會地位，也賺不到錢，但能讓當事人很快樂。

比如前段時間我認識了一個小女生，她的工作很有趣——旅遊試睡員。她去世界各地的優質酒店，特別是新開的酒店，試睡不同的床，然後給這些床評分。雖然收入不高，但每年能去全世界五六十個地方，機票、住宿全包。她只需要在一些平台上評分，寫寫遊記，一年到頭衣食住行都有人報銷，過得很開心。她在最年輕的時候就去了那麼多地方，讓人羨慕不已。

所以，人的評價標準是多樣的，最重要的是，評價標準會變，但自己的幸福標準不會變。別在意他人的評價，日子終究是自己的。

在這個時代，年輕人的精神壓力大多來自社會壓力。這個社會給每個年齡段都設定了固定範本：小學畢業要進個好初中，中考要考個好高中，高考要考個好大學，大學畢業要麼考研究所要麼找個好工作，工作後要結婚，結婚後要生孩子。有了孩子還得讓他上好學校，從小學到高中到大學。

人一旦陷入這樣的循環，就會逐漸迷失自我，忘記自己真正想要什麼。這種生活的底層邏輯和欲望把所有人都困在痛苦中，難以自拔。

過去，人的生活模式是三段式：學習、工作、退休。但隨著科技進步，未來人的壽命可能會達到100歲。如果你能活到百歲，還適合用這種三段式的人生結構嗎？

人可能會有多種不同的人生結構。你可能40多歲才決定結婚，50歲重返校園。在這樣的生活模式下，你有沒有想過：如果用單一的範本限制自己的選擇，你會過得很痛苦。人最忌諱的就是用單一範本束縛自己的生活，那樣會慢慢變成一個單向度的人。

我的第二個故事也是關於我一個妹妹的。她25歲還沒結婚，在他們村裡這算是大逆不道。父母天天著急地催她：「你看你姊姊25歲都有兩個孩子了，你怎麼還沒結婚？你是怎麼想的？」

這個妹妹在北京很長一段時間都很鬱悶，因為她害怕逢年過節回家，害怕接到父母的電話。每次通話總會以「你到底什麼時候結婚？都畢業這麼長時間了」而結束。

但有趣的是，她工作很努力，25歲就進入騰訊，到30歲已經是位小主管，有很好的薪資待遇，包括股票和期權。30歲時她被騰訊裁員，拿到了上百萬的資遣費。她拿到這筆錢後非常興奮，因為她本就不想繼續這份工作了。於是她先出去旅遊了一圈，回來後開始創業。現在她已經是一家擁有十多名員工的創業公司老闆，同時經營著自己的自媒體。

每次刷到她的內容，我都覺得她過得很幸福。評論區也都是支持的聲音，覺得她的生活非常精采——30歲未婚，事業有成，自由自在。雖然我沒再問過她和她母親的關係，但我相信她媽媽一定會看她的社交媒體，也會看到下面的評論。不知道看到這麼多人支持自己的女兒，她會對自己之前的言論和態度有什麼感想呢？

我不知道你聽完這兩個故事有什麼感想。這個時代發生了很多變化，人的選擇變多了，但社會的刻板印象和單一範本的生活方式卻沒有及時更新。舊的評價體系永遠無法準確評判新的生活方式。如果你仍然按照舊的體系生活，就別抱怨自己在舊的資源和經濟狀態中分不到一杯羹。因為你從未真正擁抱新的社會和新的可能性。

你有沒有發現？很多按照傳統模式生活的人，在餐桌上總有話題和父母聊：小學聊初中，初中聊高中，高中聊大學，大學聊工作，之後聊結婚生子。但一旦有了孩子，所有重心都轉移到孩子身上，反而沒什麼可聊的了。因為按照他們的邏輯，你已經完成了每個人生階段該做的事。我們拚命地把孩子往前推，卻忘記了孩子是獨特的生命個體，而不是範本。即使把每個範本都完成得完美，最終結果又如何呢？生命的終點都是相同的。

你追趕到最後，還記得是什麼觸發了自己嗎？為什麼不去享受過程呢？有一次我開車從家到Richmond市中心，大約需要一小時。那天不知怎麼，想提前到達，就猛踩油門加速到了120公里／時。在全神貫注地踩著油門、握著方向盤衝向目的地的狀態下，我確實到達了。但一看也就提前了三分鐘，隨之而來的卻是兩張上百美元的罰單。這著實令人唏噓。

最後，我想分享四條發自內心的建議：

第一，關注自己的感受。一切都不如你的感受重要。說不定哪天地球就爆炸了，你唯一能在意的就是自己的感受。無論做什麼事、什麼工作，無論愛上誰、和誰在一起，自己的感受都應該放在第一位。

第二，課題分離。別人的評價是他們的事，你的選擇是你的事。你對自己的評價才是最重要的。

第三，聚焦具體的事情。不要聚焦人，更不要聚焦他人的評價。

第四，永遠尋找那些積極認可你的人。這世界上反對你的人很多，與其把精力放在他們身上，不如投入那些支持你、鼓勵你、給你能量的人和事上。希望你能繼續前行，遠離那些消耗你的人，找到滋養你的人。

有朋友問，跟自己的父母話越來越少，溝通越來越困難，感覺和父母的距離越來越遠，該怎麼辦？

網上有關父母的言論分為兩派：一派認為「父母皆禍害」，另一派認為「你永遠欠父母的」。這兩派爭論不休，每次闡述觀點都能說到淚流滿面。那些說「父母皆禍害」的人，恨不得洋洋灑灑地寫一篇長文，覺得父母是此生的敵人。而另一派則認為，身體髮膚受之父母，每一根汗毛都是父母給的，為父母死都沒關係。

我很喜歡紀伯倫的一段話：「你的孩子，其實不是你的孩子……他們透過你來到這世界，卻非因你而來。」如果你這樣想，就該明白父母和孩子都是獨立的個體。很多事想明白了，這也正是我常說的課題分離。

這麼多年，我特別喜歡一本書——岸見一郎和古賀史健的《被討厭的勇氣》。這本書之所以好，是因為當一個人擁有了被討厭的勇氣，就說明他已經成為一個獨立的個體，他明白自己的獨立性可能會招致他人的討厭。這種討厭恰恰來自自己的勇氣，也可能來自最親近的人。

祝你也擁有被討厭的勇氣，永遠為自己而活。

這才是真正的強者。

掙脫過去的束縛，

打破單一的人生範本，

別再為他人而活，

專注於自我成長與實現。

生活篇

後記

AI時代，
祝你走出一條屬於自己的路

這本書，我跌跌撞撞地寫了很久。

寫這本書的一年時間裡，我幾乎沒做別的事情，一直在琢磨該怎麼寫。就像這篇後記，原本答應編輯一週內寫完，卻拖拖拉拉了一個月。好在最終還是寫到了結尾，誠實面對了自己的內心，寫下了這一年最新的思考。

每次寫完一本書，我都覺得自己像被掏空了一樣，這次也不例外。但至少，我覺得這是一次滿意的交卷。

在寫書的這條路上，我已經走了十多年了，今年是第十一年。

來到加拿大讀書後，我經常想起二十幾歲時的日子，那時也曾感到迷茫、無助，甚至懷疑自己的努力是否有意義。但時間就這麼推著我往前走，我也一步一步走出了自己的路。

在這個過程中，我逐漸明白：**沒有一條路是絕對安全的，也沒有一條路是被別人完全規劃好的，你必須自己去尋找，去開闢，甚至去冒險。**

就在我思考這些的時候，恰好與一位在UBC（英屬哥倫比亞大學）讀量子力學的博士朋友聊到了量子糾纏。他問我：「如果任意兩個量子可以糾纏，那麼你相信你和過去自己體內的量子有可能糾纏嗎？」

我愣了一下，問他：「你說的是平行宇宙？」

他說：「是的，就是過去的你和現在的你，你抬頭看著天，那片天是同一片天，月亮是同一輪月亮，太陽是同一個太陽。」

我笑了笑說：「太陽就別看了，眼睛會壞的。」

他也笑了，說：「所以，你可以透過量子傳遞資訊給過去的自己。」

回家的路上，我佇立在溫哥華的海邊，凝望著那片浩瀚的喬治亞海峽。海浪翻湧，彷彿在低聲訴說著古老的秘密，波光粼粼的海面如同散落的星光，在夕陽的餘暉下閃爍。就在那一刻，我突然想，如果能對曾經的自己說一句話，我會說什麼？

我想，我會毫不猶豫地告訴曾經的自己：未來的路雖然看起來模糊，但你每走一步，都會通向一個新的方向。而且，AI時代已經來臨，新的機會就在眼前。你要堅持下去，走出一條屬於自己的路。

這本書，是我寫給過去的自己的一封長信，也是寫給未來的答案，更是寫給每一個想要往前走的人。

我不想講道理，更不想扮演一個「過來人」的角色。我只想分享一些我走過的彎路、踩過的坑，以及那些真正幫助我找到方向的方法，還有我和各領域前輩交流時得到的最新思考。

我希望這本書能成為你的一盞小燈，幫你看清前方的路。

請你相信，走向新的路時，會有挑戰、會摔倒、會懷疑，甚至會不知所措，想要暫時停下。但正是因為新的時代正在來臨，沒有現成的腳印，你每走一步，都會成為獨特的風景。

這本書送給每一個想要在未來把握住機會的人。

願你提前看清趨勢，走出一條新的路，去一個新的地方，成就全新的自己。

別被AI淘汰 / 李尚龍著. -- 初版. -- 臺北市：春天出版國際文化股份有限公司, 2025.10
面 ; 公分. -- (Progress ; 51)
ISBN 978-626-7735-63-3(平裝)

1.CST: 自我實現 2.CST: 成功法

177.2 114011723

別被AI淘汰

Progress 51

作　　者◎李尚龍
總 編 輯◎莊宜勳
主　　編◎鍾靈
出 版 者◎春天出版國際文化股份有限公司
地　　址◎台北市大安區忠孝東路4段303號4樓之1
電　　話◎02-7733-4070
傳　　真◎02-7733-4069
E－mail◎frank.spring@msa.hinet.net
網　　址◎http://www.bookspring.com.tw
部 落 格◎http://blog.pixnet.net/bookspring
郵政帳號◎19705538
戶　　名◎春天出版國際文化股份有限公司
出版日期◎二〇二五年十月初版
定　　價◎420元

總 經 銷◎楨德圖書事業有限公司
地　　址◎新北市新店區中興路2段196號8樓
電　　話◎02-8919-3186
傳　　真◎02-8914-5524
香港總代理◎一代匯集
地　　址◎九龍旺角塘尾道64號 龍駒企業大廈10 B&D室
電　　話◎852-2783-8102
傳　　真◎852-2396-0050

ISBN 978-626-7735-63-3
Printed in Taiwan